U0023568

眞的是污點

出書洩露自己的底細

就算說得有美麗

書就是難以掩飾的污點

～　蔡榮裕

都是潛意識搞的鬼

蔡榮裕

精神分析取向心理治療經驗談

◆

詩

◆

小說

◆

隨筆

目　錄

◆ **詩**

◆ **小說**

◆ **隨筆**

夢幻倫敦

推薦序 / 陳登義

《都是潛意識搞的鬼》一書推薦文

　　月前，榮裕捎來一封電子郵件，說他要出第一本書了，希望我寫一篇推薦文，我立即答應，心想還有近一個月包括長達九天的春節假期，應該綽綽有餘吧。這中間閱讀多遍他的文稿，一時間，思緒泉湧，往事歷歷，竟然下不了筆，蹉跎至今……

　　和榮裕從認識到交往至今近三十年，從他到北市療（今松德院區）擔任住院醫師開始沒多久，不知為什麼對他就有種一見如故的感覺，也許是對心理治療和人文學科方面，還有對人性探索的好奇，有些共同的偏好吧！

忘了從什麼時候開始，我們和幾位同仁組了個讀書會，並發行一份號稱市療地下刊物——《採菊東籬下》，把個人的興趣和經驗所學，藉由剛學會笨笨的電腦打字抒發出來。大約每隔半個月我把收集到的文章經過天蠍星文書軟體（那時還沒有微軟或蘋果中文文書軟體）的編輯和整理，再送到台大附近的五角影印店複印及裝訂成冊。我在1995年離開北市療時，這份刊物仍繼續出刊，前後共維持了一百多期，而我依稀記得榮裕的文章大多圍繞著心理治療或

精神分析，間或有一些文藝創作為主。他的文字風格特異，下筆又如有神，其篇幅常常是同儕裡占最大比例，是最勤於寫作的一位。

其後這二十年間，榮裕赴英，至Tavistock Clinic專攻精神分析，兩年後學成歸國，帶動一批年輕精神科醫師前仆後繼、負笈英倫學習精神分析的熱潮，這是違反當前生物精神醫學的主流發展趨勢，但榮裕以其堅定的意志，不但繼續走下去，還結合一群志同道合的有識之士，共同創立「臺灣精神分析學會」，同時與「國際精神分析學會」連上線，經過十來年的辛勤奮鬥，終於在去年(2015) 7 月正式以Taiwan Psychoanalytical Society 的名稱成為「國際精神分析學會」的訓練機構，此後國人可以在自己的地方以自己的語言進行「國際精神分析學會」認可的分析師訓練。這是一件國內大事，但一向行事謹慎低調的榮裕名譽理事長卻不多話，連媒體都未見報導。

而就在這件大工程進行之際，榮裕卻悄悄進行著他的文學戲劇創作之夢，據聞至目前為止已有上百萬字之譜，而現今出版的竟然只是他的第一本書，我可以說是等了二十年的這第一本書，他其實早該有十本以上的出書量了。這第一本書的內容是以精神分析的實務經驗揭開序幕，用你（被治療者）－我（治療者）之間的思辨性對話和自我對話（其實主要是寓意深遠的提問）為主軸來介紹精神分析。看似虛擬的案例，卻有可能是實境裡最真實的個案之呈現。

接下來是詩、小說及隨筆的文學創作，展現出榮裕多才多藝、充沛豐富想像力、在地真切親和力等多面向的才華。

　　這只是一篇基於和作者間長達三十年的交往和友誼所給出的推薦文，在現今年輕一輩的精神科醫師中，已少見這樣的稀有動物（無貶意，其實年輕時候的榮裕有時看起來還真像一頭充滿活力、敢衝又自負的獅子，一笑！）。冀望讀者諸君，人手一本，讓精神分析（精神動力取向）、人文關懷、在地關照等元素，能不斷深入從事助人工作者的心底層面，從而孕育出更豐實的下一代！特此向讀者諸君真誠推薦！

（作者：陳登義。財團法人私立台中仁愛之家附設靜和醫院醫療院長。）

推薦序 / 楊明敏

非人性的治療----如煉獄的診間

除了吃藥之外，醫師叫你去心理治療，帶著忐忑的心情，不但前往不想去的地方，還要做不想做的事：你要開口說話、想到就講。

不是該說的都說了嗎？還要說什麼呢？這豈不是雪上加霜，強人所難嗎！

這是接受心理治療時，許許多多的不情願、踟躕不前的一種。

好吧！宿命也罷發生意外也罷，遇人不淑也就算了⋯⋯喂！等一下，我費了九牛二虎之力，講得我口乾舌燥，不！舌頭抽筋又疲軟，而你呢？對！就是你，心理師，你坐在那裡幹嘛...除了偶而哼哼嗯嗯，有時還說了一兩句我聽不懂的話，好啦！我承認有些時候、偶爾很生氣，有一兩次還嚇了一跳，甚至有點害怕，但是怕什麼鬼呀？怕魔神仔？你說呀！你回答呀！你有沒有人性啊？是不是跟你說說話就會好！就可以直達雲端、攀上天堂？你說呀！我們談很—久—了，偶K...

以假想的病人開始，病人的名字叫做「你」，而治療者、聆聽者的名字叫做「我」，擺盪來回於你我之間，作者娓娓述說多年的親身經驗，口吻像是街車在離峰時刻，以緩慢的速度迤邐在城市的大街小巷，讓人想起《外行人的分析》與《精神分析引論》當中，佛洛伊德面對假想的聽眾、公眾人物時，說明什麼是精神分析，時而好奇的質疑、時而自問自答等等，多種語調的此起彼落。

透過徐徐行進的車窗，我看到什麼風景呢？我心中有個急切的想法是想要說清楚，是否有一種叫做「心路歷程」的東西？（第四章）但是沒有呀！我看見「廖姐路」、「慷懼路」，就是沒有「新路」這回事。你說「我廖姐」，其實是要我閉嘴（第五章），不要再煩你了豁，我語氣激動地、再三地向你說一樣的事，因為這很重要呀！但是你的眼眸，像是賭場中的吃角子老虎，左右雙眸各自呈現「慷」、「懼」兩個字，這是什麼意思呢？又沒有掉落閃亮亮、碰觸得到的錢幣。算了，你就是不回答！喂！司機先生，你要載我到哪裡呀！什麼？這是哪門子的回答：走就是了!!疑…這地方我好像來過，似曾相似，這裡亂糟糟的，你信誓旦旦地說這是如同戰爭般的移情（第七章），我不懂，不管，我不爽，以前很不爽，現在也一樣。你說我們各自丟出炸彈後，又各自退回安全的空間（第七章），等待讓「過渡空間」產生，過渡空間？這是什麼碗糕？但是你說我害怕先生的突然差點死亡，其實是我恐懼長期的恨意和詛咒奏效？心中可能是期待，而不是害怕，也不是

擔心？（第八章）你說的讓我一驚，好像有什麼東西，但是我要想一想，可是為什麼只有我在想，這個片刻，我突然想起這種治療怎麼可能帶我升上天堂呢？而你卻回答我說：至少不是下地獄。

你要我想是嗎？好！你好像對你的同行提起後設心理學的巫術（第八章），請問，我可不可以借用一下這巫術的法寶？我想借的不是有的沒的，就只是巫婆胯下的飛天掃帚，你不是指出我一直在重複嗎？為什麼？你說要思考，好啊！你好好想吧！我只想火速離開令我難以自處的境地，既然不是我想像的天堂，而你又說不是地獄，那麼，我想這是介於中間的煉獄吧！我要飛得高高的化身為魔神仔，附在我討厭的人身上，讓他魂飛魄散，你不必害怕我會附在你身上，如果真的發生了，那也不是我能控制的啦！要不，我就化身為那位可愛的老阿嬤，只剩三顆牙齒，掉落的牙齒是離開她的小孩，等一下，這麼說來她的嘴巴是另一個部位囉，這…這…這可是有違善良風俗，不過，這可是你講的，而不是我想的，如果是這樣，我比較想當等候看診的老太太，而你就是那個想賣我特效藥的郎中，我則不疑有它，不吝於給你看母親留給我的金手鐲，你處心積慮、非人性地對待我，我卻誠摯的回應你。怎樣，你慚愧了沒有（詩、小說、隨筆）？

好啦！原諒你啦！你教你的同行對付我的伎倆是從哪學來？在倫敦嗎？那裡好像有不少你的隱私耶，作為被治療者，我是不是應該遵守你提的、佛洛伊德所說的節制

（第十八章），不要太想窺看你的隱私？但是你在這本書的開端，說行文中藏有你的汙點，這……這是在誘惑我嗎？我不太知道，為何麼我想知道你的汙點，遠勝過於想知道自己的缺點，而這不是我前來心理治療的初衷呀？你可不可以有一點點人性，好心地跟我說為什麼？為什麼？

榮裕，你的這本書使我想起考克多(Jean Cocteau)作為編劇，在上演前對台下的觀眾說：各位稍後所看到的，比我現在站在這裡還更真實。寫這篇序的當時，我正在看勒高夫(J.Le Goff)的《煉獄的誕生》，在漫長的歷史中人們怎麼從天堂與地獄的二分當中，逐漸產生了要試煉、要等待的煉獄(le Purgatoire)空間，而在但丁的神曲成為獨立於天堂與地獄的第三個空間：煉（淨）獄。同時我也想起精神分析的診間，不也是一種介於主觀、客觀之間的存在，類似溫尼考特的過渡空間嗎？你的這本書是我念過的精神分析中文書籍當中，最接近我的臨床經驗的書寫，期待日後有更多的台灣朋友在這領域內發表，因此這本書的問世，對我而言，也正是一種介於既有的與創造的，兩者之間的「過渡客體」。

(作者：楊明敏 。精神科醫師、巴黎第七大學精神病理博士、國際精神分析學會精神分析師)

推薦序　/ 劉佳昌

從精神分析的知識到人性如煙的智慧？

從頭到尾是個人的體力行為。

　　　　　　　　———村上春樹，《身為職業小說家》

我已漸漸放棄了真理的追尋，只想在夢想的荒謬語彙，和現實的
影像寓意之間，搜羅白色野百合展演成黑色吶喊，以及黃色土地
上，學習如何向老天祈禱的燒一柱香模式。

　　　　　　　　——— 蔡榮裕，《霧中風景》

　　蔡榮裕醫師要出版他的第一本書了。對於我們這些認
識他幾十年的人而言，這一點都不足為奇，從各方面看，
他一直都是「多產」的，從精神分析和精神醫學的專業領
域，到詩、散文、小說及戲劇的文學創作，乃至社會、文
化乃至政治的重大議題，他永遠有源源不絕的思想靈感，
只要有適當機會，他也從不吝於發言，貢獻他的想法。應
該說，他到現在才出版第一本書，才是真正奇怪的事。在
此之前，蔡榮裕其實已書寫過數量驚人的文字，其中，與
林玉華前後耗費十年合譯完成的精神分析皇皇巨著——

《佛洛伊德：克萊恩論戰，1941-1945》(The Freud-Klein Controversies 1941-1945)，更是經典的里程碑。除了不計其數散在各處的著作外，他還有個專長，幾乎稱得上是「專業作序人」，相信很少人數得清他幫多少新書寫過序。特別想到這最後一點，如今換成我來幫他的書寫序，有一種說不出的微妙感受。

　　不像許多更早就認識他的人（像很多檯面上人物，都是他在高雄醫學院的同學、校友、或「阿米巴詩社」的老友），我是1989年到台北市立療養院（市療）做住院醫師起才認識蔡榮裕，那幾年正好是精神科由傳統冷門小科正要開始轉熱的階段。當時會走精神科的人好像多少都有點「奇怪」，但在一群「怪人」當中，蔡榮裕的特立獨行依然是出類拔萃的。當時的市療，同儕間自由討論的學風很盛，大夥往往下了班還不走，留在科裡三三兩兩繼續談論。蔡榮裕談起問題來總格外執著，常看到他跟前輩的李清發醫師或其他醫師談著高深的問題，還一邊輔以白板書寫來補充說明。在全院個案討論會中，當著其他資深醫師的面，他也總是滔滔雄辯，毫無懼色。從他口中，我才漸漸認識當代精神分析圈的顯學，「客體關係理論」(object-relations theory)。

　　雖然精神醫學的風向吹往生物精神醫學，藥物治療也漸漸變成治療的主流，但還是有不少同僚鍾情於心理社會取徑(psychosocial approach)。蔡榮裕精力過人，他廣泛閱讀，大量書寫，起初以講義形式流通，後來一群固定聚會

的同僚出刊了《採菊東籬下》半月刊，有好幾年的時間，他的文字遂定期發表於此。在市療，他很早就確定了精神分析取向的個人專業認同，也開始對住院醫師提供精神分析取向心理治療的個別督導。蔡榮裕是個天生的領袖，我們永遠搞不懂他那源源不絕的創造力是從哪裡來的，但總之他就是勤奮不懈地生出一個又一個的點子，鼓舞一群又一群的同僚往新的目標邁進。早在剛升任主治醫師時，他便在院方的支持下推動帶有試驗性的，類似西方治療性社區(therapeutic community)概念的住院復健系統。對住院醫師的心理治療訓練，他建構了極具個人色彩的一系列課程，命名為「虛幻中的——望春風心理治療民間書院」。隨後，他發起成立定期聚會的「思想起」心理治療學社，也定期發行學刊。同時，在他的推動之下，許多後輩醫師投入精神分析文獻的翻譯工作。

　　正當一切都推動得如火如荼，1998年，蔡榮裕出國了，去倫敦待了兩年。猶記行前不久，他還在市療召集了一場研討會——「聆聽精神分析的世紀末微言」。隔年，我隻身去到倫敦大學攻讀精神分析理論，在寒冷的冬天裡，好幾次去到蔡榮裕一家人在倫敦的家，重溫久違的家庭氣氛。

　　2000年，蔡榮裕和我先後回來台灣。彷彿又是另一個開始，然而對我而言，後面這段路反而是較清楚的。雖然是後見之明，但簡言之，最近這十五年，蔡榮裕和我們這夥人就是在推動台灣的精神分析運動。（當然，在此之前的三、四十年間，已有無數前輩點點滴滴打下基礎。）從

臺灣精神分析學會的成立，到在松德院區（原本的市療）建立「思想起心理治療中心」。蔡榮裕在後來這些年，努力想要淡化過於強烈的個人色彩，尤其不想要讓他的名字與集體努力的成果畫上等號，但我想他始終對於精神分析在台灣這塊土地有著強烈的使命感，他也很難不去呵護他親手參與催生的台灣精神分析。

於是，詩人蔡榮裕只好等待，而且一等就等了幾個十年。

早在《採菊東籬下》團體的時代，就聽蔡榮裕說了，他的第一志願是做詩人，第二才是精神分析師。然後每隔幾年，就會聽到他重講一次。2009年，卸下臺灣精神分析學會理事長的職位，蔡榮裕終於得以專心投入文學創作。我和蔡榮裕在精神分析中並肩作戰許多年，但說到他的文學，我自問只能噤聲。但偏偏蔡榮裕不改其志，連出書也是個混合文體，揉和了精神分析取向心理治療經驗談，以及純文學的詩、小說和散文隨筆，這是否反應了他對兩邊都難以忘情的心情？

當然，閱讀之後不難發現，他對精神分析取向心理治療經驗的書寫，也是很文學的。跳脫刻板的理論加案例的書寫形式，他採取第一人稱的視角，與讀者直接對話，不急不徐，娓娓道來，不厭其煩，反覆檢視，鉅細彌遺地呈現流過他內心的思考歷程。細讀這些文字，你將不由自主地被帶著思考，思考他告訴你的心理治療議題，你甚至會忍不住思考起思考本身。你可能會想，這個作者為甚麼要

想這麼多呢？真的不能更簡明扼要嗎？但這卻正也是許多個案在面對其幽微難解的內心困擾時，常會發出的感歎吧，於是閱讀他的這些文字，在讀者內心巧妙地還原了心理治療情境一再重演的場景。自許為治療者，如果我們自己不能有足夠的耐心去抽絲剝繭，如果我們不能好好去等待，並且容許看似雜亂無序的意念浮現到等待中的意識心智，不去急著化繁為簡，也不拒絕努力去逐一看清，如果沒有至少有一點像蔡榮裕寫出來的那種涵容工夫，我們又怎能給個案做榜樣，讓他學習如何好好對待自己的深層心理呢？於是閱讀蔡榮裕的臨床省思，本身就具有某種「療效」。

然而，蔡榮裕的精神分析書寫甚至超越精神分析本身。你會發現他不只談移情、阻抗和詮釋的技術等同行間耳熟能詳的概念，他想探討的甚至不只是潛意識，你不時會發現，他更在意的是人性。蔡榮裕喜歡引用佛洛伊德的一段話，說精神分析的後設心理學(metapsychology)是巫師般的(witch)後設心理學。後設心理學只是臆測，但沒有臆測，在精神分析中我們將寸步難行。同樣的道理，蔡榮裕似乎也把精神分析取向心理治療的書寫視為渡船，他像個擺渡人，想要載著讀者渡向人性的彼岸。然而，人性又是甚麼？也許正因人性是如此幽微難明，他才需要運用如煙的詩，和如同萬花筒或博物館般那麼多樣的文體，才能更為充分地描摹它？

蔡榮裕的詩和小說，留給讀者自己去鑑賞，但在結束本文前，想再拋出一個問題。開頭的引文中，蔡榮裕說他

已「漸漸放棄了真理的追尋」，這是甚麼意思？他是說真的嗎？

我不知道。也許這只是片面之詞，只是詩人蔡榮裕不經意流露的任性，因為很難相信，那麼勤奮不懈的臨床思索，那麼多對精神分析裡人性的深入探究，背後會沒有一股追尋真理的熱望。或許，一切的保留之詞，都只是為不要讓人性中的自以為是太快佔上風，悄悄把我們帶錯了方向？就像蔡榮裕自己說的：「我提醒自己，不要過於急切，臣服於早熟的風向；不要過於相信，那些宣稱已經找到自己的人；不要過於認定，流浪是種浪漫。」（夢幻倫敦／靜物：黃玫瑰）

也許，真理，也像巫師般的後設心理學，過分執著於追尋它，反而會失之交臂？然而，這些層層疊疊的省思，這些苦口婆心的警語，真的有用嗎？我們讓蔡榮裕自己告訴你：「小心和不在乎，一個是男人，一個是女人，他們都已經裸露身體了，準備在床上做著以後會生出小孩子的動作。這樣子比喻好了，任何有小聰明的人都知道，小心和不在乎就是這樣子，在這種氣氛裡相互不甘願被交配，卻誕生出來的兩個人。」（魔神仔和醜女孩）

希望你會喜歡這座博物館裡展出的人性。是為序。

（作者：劉佳昌。曾任臺灣精神分析學會理事長。現任台北市立聯合醫院松德院區一般精神科主治醫師。）

推薦序　／周仁宇

故事的博物館

　　這是一本特別的書，包含四個部分：精神分析取向心理治療經驗談、詩、小說、隨筆。通常，大部分的出版社和作者都不會把這麼多不同「種類」的材料放在一本書裡。當然這也不是什麼守則。不過我想作者會這樣做，一定有他的道理。

　　或許要寫心理治療的經驗談，不可能避開經驗者本身，因此本書絕大部分都是第一人稱的寫作。而對本書的作者而言，心理治療的經驗和詩、小說、隨筆應該是無可分離的。若是換作別人，說不定就會加入點別的，像是農法、巫術、考古、數學、天文、地理之類的。但不論加入什麼，對心理治療來說，主題都會是故事吧，只是說故事的方式不同罷了。

　　關於作者的故事以及他所說的故事，我是以各種方式聽過許多的。他是我大學時代沒見過面的學長，在我入學那年畢業，但他的事蹟一直在各種文學社團中傳頌。後來在市療，他成為許多人在精神分析學習上的啓蒙者，他的故事也總在我們後輩之間流傳。此外他還是個多產作家。當年市療的「採菊東籬下」和「思想起精神分析研究小組

學刊」裡充滿了他的文章。偶爾還可以在古老的病歷裡看
到他所寫的案例，蠅頭小字可以寫滿數頁二號病歷紙，裡
面沒有什麼診斷分類，倒是有很多故事，完全違反當代精
神醫學的書寫規範。

　　我相信，對他這座故事的博物館而言，本書將會是第
一個展館。未來，我們還有很多可以期待。

（作者：周仁宇。國際精神分析學會分析師。現任臺灣精神分析學會理
事長、專職精神分析與心理治療。）

精神分析取向心理治療經驗談

第一章

開始治療也開始困擾？

幾個困擾很久的問題，怎麼開頭呢？

要怎麼開口呢？有人出現相同問題嗎？如果只是我自己的問題，那怎麼辦？這是令人多麼困擾的開始啊，有問題已經很困擾了，但是想要怎麼對別人說，又加重了一層麻煩和不安。

算了，算了吧，這太辛苦了。光想到治療就已經夠麻煩了，何必自己找麻煩呢。

如果這是一般被叫做個案的人，對於「有問題」時常出現的困擾，你也常這種感覺嗎？

然後，有一位被叫做精神科醫師的人，看過你後（或你看過醫師後），給你一個精神科診斷，除了開一些精神藥物給你，又善意地說，你需要心理治療。也許你會覺得明明有了一個藥袋的藥丸，就已經夠困擾你了，怎麼醫師又奉送一個叫做心理治療的東西，那是什麼啊？

「我真的需要心理治療嗎？這是什麼東西啊？」也許，這是你心中的疑惑。

你可能覺得被硬塞了禮物，一個不知道是什麼的禮物（或多多少少知道內容是什麼），但是，這是精神科醫師的待客之道嗎？或者，你突然納悶加上一點點害怕，心想

你的問題有那麼嚴重嗎？為什麼需要心理治療？有那麼嚴重嗎？

　　難道，精神科醫師認為你是裝病？不然，怎麼會建議你要做心理治療呢？你可能帶著這些還不敢開口，或不知如何開口的疑惑，跟著藥袋一起回家。回到家後，看著藥袋，開始想像精神科醫師可能不（或不夠）了解你，因此，你也對那袋藥物開始懷疑了起來。

　　「這些藥物真能解決我的問題嗎？」

　　常常，當這些疑問出現腦海時，就表示可能已經是肯定句了。以疑問句的方式出現，其實只是為了要保護精神科醫師，總不能連醫師也懷疑啊。雖然你可能覺得，自己是需要藥物，但是為什麼精神科醫師還說，需要心理治療呢？顯然的，精神科醫師看錯你的問題了，醫師開的藥物，真的有對症下藥嗎？

　　在這些看診後所出現的困擾裡，加上生活上原來就存在的困擾，在門診後你反而變成雙重困擾。你可能開始後悔，幹嘛看精神科？覺得看錯了精神科醫師。你覺得，你的問題是真的問題，不是心理問題，你覺得自己並沒有假裝有病，顯然地，你可能將精神科醫師說的「心理問題」，理解成那是假裝出來的問題。

　　這些情況當然不會是你來求診時的全部狀況，我只是試著想像，或者是從某些個案的說法，來描述這些可能的狀況。我只是先著重，來看門診後可能帶來的困擾。

　　說完你的困擾，我打算談談我的困擾，希望這不會增加你的困擾，畢竟此刻你是安靜地在自己的地方閱讀著這本書，而不是在精神科醫師的診療室裡。

　　如何談論我自己的經驗呢？又如何從這些經驗裡學到一些東西呢？

　　開始前，我卻必須先交待，何以要先談我的困擾，我到底想了多少，是否有足夠理由，從我自己的經驗與觀點，開始本書的第一章嗎？第一章是這麼重要的章節，談你的困擾後，我迫不及待要談我自己的困擾，是否會變成我將自己的主觀與困擾，強加在原本需要客觀討論的課題上？

　　何況探討精神分析或心理治療時，總是先從歷史上相關理念出發，或者先做個精神科診斷，將你放進一個（或幾個）診斷裡，好像需要這樣子，才能好好談以後要怎麼做的事情。

　　畢竟，這套專業已有很多很多理論可以著手，再舉出個案的例子來做補充，好像這麼做比較保險穩當些，比較可以避免個人主觀因素的影響，就科學來說，難免期待談論個案時要避免主觀的影響。

　　這些想法與顧慮，就變成了我著手第一章時的困難，讓我思考了至少一個禮拜（其實更久更久），是否直接切進主題，談論精神分析與精神分析取向心理治療嗎？這意味著好像有一個很獨立客觀的東西，就在那裡等著我去寫。也許，這種想法並沒有錯，但我卻覺得少了些什麼？

　　也許我就像你，要找精神科醫師（或心理治療師，或精神分析師）談談困擾，起初，好像有一個清楚明確的問題要處理，但是開始開口說話時，卻發現不知如何說起？可以說的事情太多了，要選擇哪個主題做為開始呢？

　　你要談大家認為客觀發生的事，或者從你主觀經驗出發呢？例如，你的父親如何拋棄你與母親，你卻始終覺得那是媽媽的過錯，周遭的人卻都不允許你這麼想，更不能這麼說。

　　後來，有我自己的決定。

　　我這個決定是很久以來，反覆思索後所做的決定，雖然最後決定是在瞬間發生。偏偏我無法一下子就很清楚地列出，一定是什麼因素，讓我下了決定。我的決定是，也將我的自身經驗同時做為這本書的主題。

　　這個方法將遭遇的挑戰是，是否因此太過於個人化了，這是否違反了精神分析現有的一套客觀資料與理論呢？這的確讓我困擾，雖然我做了決定，但是做決定後，並不意味著心中猶豫和困擾就不見了。

　　我也假設你看過精神科醫師，談了一些自己的心事，出了診療室後卻更感到困擾的經驗，這到底怎麼回事呢？

　　首先，以我做為主詞開始談，就容易陷在被批評的自我中心裡，好像「我」這個主詞就代表了一切。因此我先就這個可能的批評，先做一些防衛，讓我可以比較安全地開始說話鋪陳，我想要探索的主題，精神分析取向心理治療是什麼？

　　這也是我的困擾，我思索這本書要寫給誰看？讀者是否會誤解我的說法？但是我試著冒險使用這種方式，來說我所經歷的故事，那是心中的故事，也是心理的故事，對我來說，心理故事是主觀的，但真實無比，比一隻鉛筆的存在還要真實。

　　例如，有人可能因為一隻硬梆梆的鉛筆而死掉，絕對有更多的人可能因為「沒有希望了」（沒有人摸得到它）的心理故事而軟扒扒地死掉。

第二章
你的問題很特殊嗎？

在第一章裡，我描述了一些可能困擾的問題。其實，決定以「我」這個主詞，來描述診療室裡所發生的事，也可能是源於第一章開頭所描述，你來求助診療時，所可能遭遇的複雜內在和外在的困境，包括，你如何談自己的問題，以及你說了後，精神科醫師或心理治療師會如何聽，是不是會批評你呢？

這涉及有個主詞的說話者—你，以及有個聽你說話的人—我。不論你要帶來的原來問題是什麼，好像都是這樣子開始的互動關係。你開始談你的問題，並期待你的心聲可以被聽到。

說話能被別人聽到是很重要的事，但你如何確定你的聲音有被聽到呢？而且真的有聽進去了？問題是，什麼才是：聆聽的人有聽進你的話呢？

你也許知道這很難定義？但是這麼多問題，哪有時間與心力，來想清楚這個定義呢？沒有時間與力氣來定義正潛在發生的一些想像，並不表示那些因素就不會有影響力。遺憾的是，這個了解還是以後的事，現在仍陷在一堆困惑裡。

雖然處在這些困惑裡，你仍努力地聚焦在被你視為症

狀的內容裡，好像有一種隱隱的假設存在，你只要說清楚自己認定的症狀問題，並被精神科醫師或心理治療師確認後，那樣子，你的困惑就會不見了。

果眞會這樣順利發展嗎？你一點把握也沒有，只能走一步算一步，這是多麼難熬的時刻啊。

現在，在我的文字裡羅列這些困擾，可能還是隔著遙遠距離，在談論一件深層心理覺得受干擾與不安的事情。畢竟，你可能覺得自己的「問題」 （或你覺得是「症狀」，或精神科醫師也同意是「症狀」的東西。），被談出來後好像就開始變形了。

這是很可怕的感覺。通常無法用「困擾」這兩個字，就足以形容這種可怕。你不了解爲什麼，說出自己的問題後，卻好像變得更模糊了，更令你不安。起初，你可能想要有更清楚具體的問題，可以馬上著手處理，因此不自主地逼迫自己，一定要儘快找出具體問題，不然，如果任由問題愈來愈模糊，你擔心那只會增加原本已有的困擾。

你可能覺得開始看精神科醫師門診後，這些困擾才開始出現。雖然，現在大家都知道，感冒後如果早點去看醫師，拿了感冒藥回家，吃了藥，隔天，仍有可能出現前一天還沒來得及出現的症狀，如流鼻水或咳嗽。你不會認爲，那是吃了感冒藥後，才出現的副作用，因爲你充份知道那是感冒症狀的一部分。

但是，現在來精神科門診後你的經驗是，問題被自己

說出來後，那些問題就好像長了腳，自己在外頭走動，偶爾還回頭來干擾你。你還差點要關起門（或者心門），想要將那些問題關在外頭，好像那些根本不是你的問題。

真的很奇怪，看了精神科醫師，談了些問題，有了診斷，也有了藥物，帶了這堆東西回家後，可能出現的一些後續想像與干擾，卻不像感冒症狀那般明確。因為一些「莫名的」感覺，可能隨時跑出來做怪，你甚至不知道，那是什麼問題？

這些情況可能讓你覺得不安、痛苦，甚至說不清楚那是什麼？你的想像和擔心可能已被啟動而無法終止下來，雖然你希望趕緊忘記這些事情。但是，新愁加上舊愁，將你決定要看精神科前的所有想像，都被打破了（或者因為你的客氣，你只感覺有一點點解體了。）

你甚至開始後悔，幹嘛去看精神科，還被莫名建議要做心理治療？

至於我，可能還在沈思著，你到底怎麼回事？你為什麼用這樣的方式，來談自己的問題？我不是毫無經驗，但是我不能只仗著已有的經驗，過早對你的問題下結論。更讓我覺得困難的是，你可能還會想進一步追問，要多久你可以得到我的結論？我也想著，我可以對你的問題有所結論嗎，在這樣短暫的照面裡？

什麼是人生的結論？我有可能知道別人的人生結論嗎？你可能會想，如果我不知道這些答案，那我配當個心理治療師嗎？

　　也許你的問題在別人身上出現過類似情況，我也聽過不少個案，談過相同或類似的問題。但是我的經驗，已經讓我無法認為你的問題跟別人都一樣，例如，都是憂鬱，這是一個多麼好的說詞，表面上好像可以解釋很多問題，而且迎合當代人對於很多周遭問題的解釋方式。

　　如果堅持因為你是你，他們是他們，因此你的問題不會跟別人完全一樣，因此針對你，我假設要有不同的想法，想要多了解屬於你個人特有的問題，或你說問題的特有方式是否有什麼個別意義？這些假設可能都跟你從小生長的環境有關。雖然，你也隱微地表示，希望我會用最不一樣的角度，看你這些很個人、很特別且與別人不同的問題。

　　但是愈想把你當做是與別人不同的人，不是和他人有相同症狀的一群「症狀人」，被如此看待的經驗所帶來的也常不是愉快的。這裡所謂的不愉快感受，是指何以無法很快地找出一個自己相信的說法，並且能夠馬上以這種說法做為結論？

　　畢竟，這種有很多可能原因的想像，所帶來的不確定感覺，就是一種不愉快的感受。你跟我可能都會沈陷在，希望趕緊有個答案的急切心情，而這種急切心情將會影響我的判斷，例如，可能為了盡快有答案，藉此得到方向感和確定感，卻忽略了問題的複雜度。

　　結果，你跟我好像都很努力，急切地想要找到解決問題的方向，以便可以有更快的介入方式，但卻可能為了求快而忽略潛在的一些重要問題。所謂潛在問題，是指不容

易被發現的問題，我卻不知道你有多少耐心，可以忍受
「有某種潛在問題因素影響著你」的說法？

　　就在這些想法裡，繞來繞去，加上當我愈堅持（這需
要堅持才做得到）：將你當做是特殊的人，與別人不同的
人。這個想法也同時困擾我。我的堅持，只是替自己帶來
麻煩。如果我輕易假設，你就跟別人一樣啊，別人的解決
方式也可以輕易地搬到你身上，這樣子，問題好像就「容
易」些了吧，我的困擾也就減少很多了。

　　雖然這種「容易」，可能沒有真正了解你，但是，有
部分的我卻多麼希望，就把你當做像其他人那樣，給你一
般制式的說法或建議。這樣子，我會覺得好過些？難道，
我堅持你有所不同的特殊性，只是為了找自己或找你麻煩
嗎？

第三章

是否背叛了什麼？

前一章談的是，我做為心理治療者，意圖要將你當做是很個別的人，與別人不同的人。這需要花很多時間，可能比想得到的預期時間，還需要更多的時間來了解你。

然後，才有辦法提供一些更細緻的想法，做為你與我後續工作與討論的材料。但是，你的期待之心是如此強烈，我只好試著先給了一些建議，雖然我同時覺得好像太早了，因此我的建議可能顯得很表面。這麼做的可能後果呢？

本章試著由此再進一步追索，何以有意願談論深沈問題，但談出後卻開始變得猶豫？目前想到的語詞是「背叛」，談話的你可能覺得背叛了原本不想多談的自己。由於「背叛」這詞很強烈，因此有可能在你心中招來反彈的力量。

因為在心理上的確可能真的很慘，聽了精神科醫師或心理治療師的某些明確建議後，你搞不好覺得這是一輩子以來，最難以承受的建議或禮物？（當然也可能不這麼感受。）

因為依照一般說法，如果我給了你建議後，就算建議內容明確但這種做法也同時反映著，你的問題不是那麼個人化，你的問題就像其他人那樣，你將會如何感受呢？

而且，建議是如此具體，好像之前的其它想像，都被侷限或被囚禁在那個建議裡了。你可能開始納悶，或只是一種模糊說不清楚的感覺，不了解何以有了建議後，好像新的問題又浮現？到底什麼才是自己真正的問題呢？

建議到底是要來解決問題？或是背叛了原來的問題？（光要說清楚這兩個問句，也需要不少其它說明，有機會我再多做說明。）

如前所說，建議的存在，好像將一切已清楚和未清楚的，都鎖進建議裡了，那麼，其它新的問題，是否需要再被提出來呢？你還清晰記得，精神科醫師說得很嚴肅，很誠懇，但是你可能會認為這些誠懇的背後，其實只是為了賺你的錢？

何況，現在，醫師在社會上的名聲與地位，也大大不如以前了，醫師一定為了多賺一些錢，才會這麼建議或者詢問你。你可能覺得，何必要做醫師的賺錢對象，或者你比較仁慈，會替醫師著想一些些，覺得醫師是為了你的問題，為了你好，才會談到你有一些潛在可能的心理問題。

問題是，為什麼當心理的因素，突然由精神科醫師的口中出現後，那個「心理因素」卻馬上變裝成：你覺得精神科醫師認為，你的問題都是「假的」。你開始說服自己，只要看開一點就好了，只要一點點看開，就可以改變很多了。但是，你愈想要看開一些，要忘記些什麼，卻發現它們竟然粘得更加緊密。

天啊，這是怎麼回事啊？朋友也都說，你只是「想太

多」，只要「不管它」就好了。愈想，你就覺得朋友的說法是對的。怎麼辦，你已經找了精神科醫師，談了一些事後，真的更無法忘掉以前的事。完了，完了，甚至你還覺得，自己好像背叛了什麼，那是一些說不清楚的東西。

你可能後悔，幹嘛跟陌生的精神科醫師，說自己的問題與遭遇呢？

我甚至可能在某些時候，被這個感覺說服了，何必為了一個素昧平生的人，將自己搞得這麼辛苦？甚至，我希望你只要看過這本書後，你所有的問題都解決了。這是多麼自大的想法，卻又是這麼真實的期待啊。

更辛苦的是，就算我抱持這種態度與想像，我卻是真的不是完全了解你怎麼了？甚至不知道，你下次是否還會再來？你的客氣只是客氣，還是已經準備好要開始探索與冒險了？對於你談到那些問題的可能原因，想要開始深入與廣泛的探索與了解嗎？

但是，愈多的治療經驗，卻讓我發現這一切其實是更難以掌握。甚至想要掌握時，就會離你的「真實」愈遙遠。好像一般故事裡常出現的，愈想要抓住什麼，卻先流失了想要抓住的那些東西。

那我該怎麼辦呢？

在我還不知道怎麼辦前，我只好再想像更多可能性，讓想像穩住一些難以說清楚的東西，然後等待。到底是更多的想像，才更能夠穩住而等待未來？或者是只要先抓住一個或兩個簡單的想法，才更能夠等待未來呢？

　　我也自問，我真的知道自己在等待什麼嗎？如果說真的知道，我一定覺得自己在欺騙自己。但是，在這個專業裡，別人能夠忍受，我真的有可能不是那麼了解個案嗎？當我說，我可能不了解個案，會背叛大家對於治療者的假設嗎？

　　到底心理治療這個專業，是因為知道問題後，就很快有了後續答案，然後就開始所謂的治療工作？或者是，抱持著假設不確知的內容，但一直在了解的過程裡？我們是在哪種氛圍下工作，前者或後者比較接近實情？

　　有多少人可以接受這種實情？

　　我只能先假設說，精神分析取向的做法是以後者的假設為基礎。

　　一如佛洛伊德與歇斯底里個案工作了一輩子，晚年，他仍覺得女性的心理世界是黑暗大陸，他是過度謙虛？或者真的無法全盤了解？精神分析的存在已經超過一百年了，我對精神分析的了解到達哪裡呢？是否有自己個人經驗的不足，或者也有這個行業本身目前的侷限？

　　另外，再加上其它因素，例如，人性的了解，絕不是一件容易的事。這些因素加在一起，讓這場你與我的治療遭遇，變得這般複雜。雖然我知道，如果我不寫得那麼複雜，好像就可以變得很單純。但是，看過了巫山的複雜雲彩，已經無法回頭說，其實很簡單，只要怎樣做又怎樣，一切就都安好了。

　　但是，你可能還是會期待，是否可以簡化一些，不然，

很難以承受一下子就這麼複雜的思考，尤其是在面對眼前的受苦。若要往複雜的方向思索，這種複雜的想像，就變成了對期待簡化的背叛。這種潛在的背叛感，可能構成了一種想要停下來而不再前行的力道。

我知道這當然不是光用說服方式，你就得接受，這只是一個過程。甚至，我其實只是試著問了幾個問題，看你是否能夠嘗試，談談你目前關切之外的其它事情。但是你可能納悶，我何以問那些不相干的問題？

這不是你做錯了什麼，或我做錯了什麼，只是你的狀態目前剛好是這樣子，我只是以這些現況的材料做為討論的基礎。

雖然，我仍難免期待，到底要到什麼時候，你就比較能夠試著想像事情的複雜多元層面，也就是假設，除了目前已知的歸因之外，可能還有其它因素值得探索。

然後，如果不清楚以上這些可能性，你可能會陷於某種困境，覺得我根本不了解你，甚至讓你更挫折，你只是期待要解決某個問題，為什麼會變得那麼困難？

第四章
心路歷程是古老或新奇的名詞？

在診療室裡，你將心思大都花在描述，近來身體上的一些不適感。這些身體問題所帶來的相關困擾，是你目前還不知道怎麼辦，不知如何處理的狀況。

雖然你知道，既然是身體問題，就找其它專科醫師診斷和治療就可以了，但是你又提及對那些醫師不放心，甚至覺得他們可能告訴你，你的身體根本沒有問題。你無法負荷這句答案，當醫師告訴你，你的身體根本沒有問題，這是你最難接受的結論。

你數度提到，心臟的不適感，已經超過你的預期了，你根本無法再掌握自己的心臟狀況，在你的多事之秋，連自己的心臟也跑來找你麻煩。你也提及，最近腸胃怪怪的，也有腰部的問題讓你很擔心。

你數度強調不知道這到底是怎麼回事？為什麼原本可以幫助你運作日常生活的身體機器，最近卻都莫名其妙地一一出現問題？這個困惑就足以讓你整天心中惶惶不安，甚至影響夜間的睡眠。

如果把你的陳述化約成簡單的做法，你就去找各個專科醫師診療，可以一一了解這些身體器官，到底發生了什麼事？那是器官也開始不聽你駕馭了嗎？或者，你甚至隱

隱覺得，每一個器官都開始要背離你而去？

你真的需要一些儀器的檢查，藉著精密儀器的影像，看到那些器官都還在那裡，但是就算它們還在自己的肚子裡，你還是覺得，那些器官已經不像以前那樣可靠了。

這可是非同小可的指控了，對於那些辛苦工作的器官來說，如果不再讓主人覺得是可以信賴的對象，那是情何以堪啊。但是，你的不舒適感，卻是如此真確與明顯，你只能重複再重複地陳述，好讓治療者知道這件事。

你也同時說了一些生活上的事件，例如，小孩漸漸長大，他們都有了自己的想法（好像你的器官也開始有自己的想法了），不再像以前那樣子容易處理了。你覺得，小孩愈來愈不聽話，你不知道該怎麼辦？

就像你覺得，你的身體器官也變得不聽話了，不過，這個比喻對你還是難以理解的事，畢竟自己的器官和自己的小孩，是如此地不相同，不是那麼容易聯想其中的相關性。何況，你意識上不曾使喚過你的器官啊，以前你只讓身體器官自己運作。

（人類真的沒有想像過，要控制自己的身體嗎？例如，控制臉部的皮膚與肌肉，讓自己變得更年輕。有人說過，小孩潛在地控制自己的大便，那意思是控制自己的肛門。）

甚至，你跟小孩說，你身體的不適感，但是他們根本不覺得是問題。因此讓你更不舒服，你可能開始想像到底要如何說明，才能讓小孩真的知道你的狀況呢？

你在跟我說話時，當然你不會覺得，你把我當做像是小孩那般要來說服我，你覺得是把我當做專業人員，要聽我的專業意見。

當你在描述身體的種種問題時，我心中有個急切的想法是想要說清楚，是否有一種叫做「心路歷程」的東西？雖然「心路歷程」這個名詞，是大家耳熟能詳了，但是這種耳熟能詳是怎麼回事呢？我何以在這時候想要說清楚這個詞？

大家對於它的描述與使用，有多少真正的了解與體會呢？或者，將這四個字只當做一種方式，呈現自己與別人有所不同的說法？因為你有你的心路歷程，我有我的心路歷程。

也就是說，目前你有多少的意願與想法，想要談談這些身體症狀的背後，是否有那些潛在的心路歷程正進行著？這不是否定身體症狀，而是同時思索身體症狀，就像天空的鳥飛過了心底（如果用湖面來比喻），那會留下什麼影子？

如果把這影子出現和消失的過程，當做是所謂的心路歷程，我不確定，你此刻是否願意探索這些材料，或只是想要即刻解決身體的症狀？

目前生物基因學論述的強大效應，很容易將現有的精神科，當做只是要在症狀的內容裡，尋找生物基因學的原因。

　　我們如果相信「心路歷程」這個名詞，是否意味著大家也相信或者堅信，被精神科當做是症狀的內容，除了生物基因學的說法外，大家也能接受任何症狀的出現和起伏過程，都有每個人自己的心路歷程？

　　如果對於這些心路歷程，有更多的了解與知識的累積，對於症狀的潛在心路歷程，我們是否能夠有更多的想像空間？

　　其實，在十幾二十年前，這種心理學的想像是存在的，但因為生物基因學的一些重大成就，讓心理學想像因為自限反而萎縮了。甚至，一定得加上神經心理學才算是科學，難道沒有一種科學就叫做心理學？

　　或者研究心路歷程的科學，不是狹隘的只以數字統計，或是神經生物科學，而是回到更細緻描述的心理學，或者還有更多可能性，回到以探索主觀心理學為基礎的心理學，而不是拋棄心理學的生物神經科學。

　　這當然不是與生物基因或神經科學唱反調，而是要與其它學門有主體性的區隔。畢竟，現有的精神醫學或心身醫學，還是得面對一個重要現象，精神官能症的診斷，其實是太大範圍了，大到大部分的人生困境，都可以使用少數診斷來註解。

　　不但精神科醫師之間的診斷，有很大的落差，在某些問題的處理上，藥物作用仍有很大的侷限，因此沒有理由讓原本期待，藥物是唯一重要治療因素的病人，在面對藥

物的有限作用時，心理上卻比原來更加挫折，更覺得無望感，加重了要再走下去的困難。

回到心路歷程的概念，不可能代表困境下的所有想法，也並非排斥精神科藥物，只是試圖在目前情境下，所提出來的一種可能性。其實，在相關的治療史裡，這種可能性不是新奇的東西，而是如何再落實的問題。

有了這種可能性，我們才有機會再回頭來看，你所提出來的身體症狀裡，是否有機會進行，你的心路歷程裡眾多可能性的探索？目前是否為適合探索的時刻，這仍得看你的心理準備狀況，通常這需要一些時間。

第五章

「我了解」等於「你閉嘴」？
「我的了解」等於「你的閉嘴」？

本章試著探索一個很平常的問題，卻可能在治療過程裡被忽略但持續以潛流的方式，影響著治療關係的發展。

當我說以潛流的方式，或是大家常說的潛意識，都是平時無法自覺的現象，既然是一時之間無法自覺，我們如何說它是存在的呢？

因此，談論潛在的、潛流的、潛意識的、不自覺的，這些都意味著必須相關者同意一個假設：有某些還無法看得到、聽得到、摸得到、聞得到的東西，但是先假設它是存在的心理學，它需要想像來相信它的存在。

也許有人會問，想像是科學嗎？我的初步想法是，想像不必然是科學，但是科學沒有想像也是寸步難行。我想要精神分析取向的心理治療，有所謂的科學成份，但也要可以走得動。

這本書裡在不同章節，都會涉及這個課題，如何讓閱讀者接受這種可能的存在，然後願意試著用語言來描述它、說明它、想像它。不然，可能都會是空談。

例如，當你某天突然覺得，當初會做出某個決定，是不是因為你跟某人有關係的緣故？不然，你不可能會那麼

做。這種突然的感受是什麼呢？是你了解了什麼嗎？這一定是標準答案嗎？不可能再有其它的可能性嗎？

如果再過了一陣子，你覺得可能還有其它因素的影響，那麼，這個新想法就推翻了以前的感覺和想法嗎？

你可能會從一些外在的資料，去追尋相關的資料，例如，去問了誰，那個人有了某種說法，或是找到了某封信，但這封信就是唯一的證明者嗎？所有複雜感覺都能用那封信來解讀就足夠了？

本章試著在這些想法下，來推想一個臨床現象，或人與人之間常出現的一句話「我了解」，這句話隱含了那些可能性？

例如，你今天來會談時，突然開始花費大多數時間，描述你身體的酸痛，它如何從頭部的某個小部位，逐漸擴大到整個頭部的不舒適。以前你只約略提過這個話題，好像那只是一件稀鬆平常的事，像路旁偶見的小花，走過就走過了。

但今天，這個頭痛卻變成唯一重要的事件。當你說完頭痛後，我以為你就要停下來讓自己喘息一下，但你馬上又提到，「肚子最近也常常怪怪的」。這句話裡肚子是主詞，也是主角，好像你只是被肚子干擾的受詞。

你形容「怪怪的」，好像那是一種很難形容的感覺，只能使用怪怪的來描述這個困擾。聽起來這的確是困擾，因你說這些時，心情顯得更加低落，表情變得變加凝重。

　　明顯的頭痛與後者這種怪怪的感覺相比較，後者這種不明顯的怪怪，是讓你更難過的事。我試著澄清，你此刻談這件事時，是否不舒服？你很快回應說，沒有不舒服，也不會心情不好，只是覺得怎麼會這麼奇怪？

　　你再次使用了「奇怪」字眼，然後，你在轉眼之間，再說其實你的腳也很不舒服，好像腳很不安。你使用了較明確的字眼「不安」，但由於整體的反應讓我覺得有些不安，更準確說法是讓我有不耐煩。雖然在不安的感覺下，覆蓋的可能是其它情緒，只是本章先只針對不耐煩做為說明。

　　可是我不能表達這種不耐煩，最後，卻變成說出了「我了解」。到底這句「我了解」是表達了解？抑或只是要你閉上嘴巴的另種說法？雖然依據診斷準則與我的經驗，我是可以先初步下個診斷了。

　　我疑問的是，如果診斷就是診斷，何以這個過程裡，你會有這樣的反應？以及我會有那些反應呢？科學除了知道診斷，難道不需要想像、假設與推論這過程裡，所出現的其它現象？包括各式感覺與疑問嗎？

　　以目前的現象為例子，接下來，在本章裡我試著反映說明，你所說出的故事本身，所可能隱含的潛在意涵？因為你可能以細節繁瑣的故事，來淹沒我的思考，可能只帶著我繼續處理你所說的事項，卻間接地被你忽略的潛在其它課題？

　　我雖然是不耐煩，偷偷想要你閉嘴，其實，應不是要你閉嘴，更精確的說法是，要你說說別的事情吧，不要只是抱怨疼痛，你的問題不只是你現在所說的這些而已。何況，你已經稍流露一些其它課題了，卻又馬上跳開那些話題。

　　我覺得潛在且重要的課題，你卻避而不談，奇怪的是，我卻出現了這句話「我了解」。原本的意思是說「我想要了解其它的事」，沒想到這句更完整的話，卻在兩人當場關係的動力狀態下，被我簡化成「我了解」。

　　是否因為有其它難以開口的事項？或者，你仍然不自覺那些事是問題？雖然你說話時好像流露出某些事是問題，但是整體上，我卻覺得你仍隱隱流露著，你不認為那些事真的是問題？

　　因此當我說「我了解」，可能是要你閉嘴的意思？但是我並不是真的期待你閉嘴啊，只是結局卻可能變成這樣子。你看，這是多麼奇特的互動細節啊。

　　雖然這句話「我了解」，不論是否被說出來，其它取向的治療者在收集了他們認為足夠的訊息後，想要開始給個案建議了，因此期待個案停下來，以便聽取治療者要開始說明相關建議。

　　我在心理治療室之外的其它情境，由於時空不是心理治療的情境，通常也可能是先說我了解，然後做為後續建議的開始。但是我不了解的是，你真的有被了解嗎？你真的覺得，我可能了解你嗎？

　　這是一個很有趣的問題。畢竟,所謂了解,也不是零和問題,也有程度的區別。

　　進一步來說,相對於「我了解」與「你閉嘴」的動詞狀態,另一個「我的了解」與「你的閉嘴」是個靜止名詞狀態的描述。意味著治療過程裡,是否當我真的了解你後(如果真有可能達到),只要我給你建議,你就要閉嘴,後來就變成你的閉嘴狀態?

　　然後,治療就是停止的時候了,但這是何時可以達成?或者這真的是已經達成目標了?或者只是某種片面短暫的了解,卻遮掩著其它廣大的想像空間?

第六章
只是一個關於技術的問題？

　　治療技術就只是技術嗎？或者它涉及了，心理治療師潛在想像裡，所存在的一些清楚或不清楚的理念？心理治療師每說一句話，都是治療技術的一部分。

　　心理治療師並沒有刻意要說出反話，讓個案去猜測，而是試著想要說出個案問題的解決方案，那麼，這必須假設心理治療師了解個案所說的內容，並且對於這些問題，心理治療師有了符合治療目的的建議。

　　但是，這個過程裡的層層關卡，都有可能讓心理治療師遇到挑戰，是否可能真的了解個案，尤其個案對於真正的心理傷痛，是否要談出來仍有潛在的困難時，將讓這些關卡變得困難處理。

　　例如，在某次治療會談裡，你幾乎將所有的時間，都用在描述你所歸納的人生問題。包括你與父母的關係問題，以及後續在人生發展過程裡，所呈現出來與異性的性和親密問題。

　　好像這些問題是你多年來深思熟慮後的結晶，或者原本是模糊的想法，在開始心理治療後，逐漸成形的一些想法。是否這意味著，你在這麼說與歸結問題的成因時，好像你的困境就是這些問題了。

　　如果我嘗試要找出其它問題，以及想像這些問題的答案，但如果只能將問題與答案，侷限在你所說的這些範圍裡，這是什麼意思呢？

　　是否意味著前一章最後時，我所提及的「我了解」或「我的了解」的多重可能性裡，值得再進一步思索，在「了解」這個動詞後的受詞是什麼？也就是說，從個案的了解裡，心理治療者又了解了什麼呢？

　　這裡隱含有一個重要卻未說出來的假設是，心理治療者就算全盤接收了，個案對自己問題的歸納病因與推論治療方法（可能是直接明說或間接暗示），個案就會覺得心理治療者了解他們嗎？

　　或者，在個案與心理治療者「了解」的受詞，有多少重疊性？如果不是百分百重疊，是否還是不了解？或者，百分百重疊，就會被個案接受為心理治療者了解他嗎？

　　回到治療的時段裡，當你在陳述時，好像有著堅定的方向，卻又同時帶著困惑，這些困惑只以很不在意的細微方式呈現，例如，表情的困惑或語調上偶爾的不肯定。

　　或者，這些困惑是出現在，你常提及的「莫名」感覺莫名的問題，好像那些莫名的感覺，不只是你不知道那是什麼，而是這兩個字「莫名」就可能替你帶來一些麻煩，也影響著你問題的來源。但是依照你所呈現出來的說法，卻是很模糊的關聯性。你說，你不覺得那有真正的影響，但那些想法就是在那裡。

　　當我試著要進一步探索，你所提及的問題，以及你的問題和其它事項的相關性，你對於先前所說的問題之間的一些關聯性，好像又變得不確定。例如當我尋問你提及的身體不適感，你馬上說，其它醫師說你其實沒什麼問題。

　　或者，有時是太確定了，好像問題的唯一解釋與唯一解決方案，就是你已描述的內容。如果我對你的想法表達我的了解，並進一步推想現實上可以嘗試怎麼想時，偏偏你又提及別人也常那給你類似建議。既然別人已說過了，我再說一次會有不同的效果嗎？也許可能，也許不會。

　　然後，好像完全無視於我剛才說過的想法，你接著說，就算別人也給了相同建議，你仍無法改變自己。好像間接表示，別人早就做了同樣建議，而且根本無效，才會來找我。找我，是為了相同的建議，或者想要探索不一樣的角度？

　　是否我再說一次同樣建議，會有不同的效果？或者根本就是相同的結果：沒有效果？你的態度與說法，無視於我提出的說法，好像那瞬間你所說的對象，並沒有包括我在內，但是我就坐在你前面啊。

　　這種狀態讓我陷在一種難言的困境裡，如果不依你設定的命題與答案方向討論，或由此給與意見，你就會覺得我是無用的心理治療者。但是我又無法忽略你也提到的莫名感覺，那種莫名裡是一個謎。

　　你輕輕帶過的這些「莫名」說法，如果替這個莫名的緣由找出可能因素後，那個因素就是之前所提過的，「我

了解」或「我的了解」的受詞？但是你的反應仍覺得那些是莫名的因素，這就讓我了解與我的了解的受詞，變得更撲朔迷離了。

因為是莫名，無法一下子就知道那是什麼，所以技術上，就涉及了一個僵局，如果我設法將話題拉開範圍，你可能覺得我不想聽你說你想說的。

或者，你覺得你的問題，就在你已經談及的內容裡了，其它的都跟你的問題沒有關聯，都不會是你解決問題的來源。

我如果也這麼想，好像我是完全站在你這邊，但結果卻可能反而與你一樣陷在困境裡，無法找到新的出路。我的新想像的基礎是什麼？我有必要讓你知道這些基礎，才可能在合作上走出一條新的可能性？

我的比喻是這樣。你說話內容裡，你與家人以及和同事之間的爭執與衝突，就像是一個槍林彈雨的戰場，仍隨時影響著你目前的生活。

如果治療的焦點是設定在診療室外的場所，建構一個討論的平台，好像是更接近生活現場，但是這樣的結果，卻像是在生活的槍林彈雨（比喻生活事件下的各式衝突）下討論事情。

同時，又得隨時注意流彈的方向（例如，個案將以前的不愉快經驗加在治療者上，好像治療過程的不舒服，都是治療者造成的），其實這是很困難的工作。診療室既然

與那些場景有一些空間和時間的距離，是否這個距離有保護作用，讓你與我可以安靜地想想怎麼回事？怎麼處理？

　　但是，當你在此次治療會談裡，花了所有時間談你身體的不舒服，好像這裡是家醫科或內外科的診察室，我做為心理治療師，如何在了解有限的情況下，仍能讓你挺住目前的困難，相信如果要了解與處理這些困難，需要再了解其它因素？

　　尤其是，仍有其它不知道的因素可能存在著，這讓我了解你還有某些其它故事內容（受詞），還沒有出現而被說出來。但是你可能期待，我應該早就要完全了解你了。況且，這時候，我還不是百分百了解你潛在真正的問題，你是否會只歸因於我的能力不足？

第七章
移情是一場戰爭？

　　上一章提及，生活好像處在槍林彈雨裡，意指個案在家庭或工作的情況，或者是一般人也會說的「生活戰況」，戰況的比喻是個精彩說詞，也反映了一般人的感受。

　　這些情況可能包括，家居生活裡家人之間的衝突，大大小小的各式口角，甚至是肢體衝突；也可能包括在工作環境裡，與同事及上司之間的各式衝突。

　　本文並無意區分，這些衝突裡到底誰對誰錯？雖然這種要找出對或錯的需求是如此強烈，使得個案來心理治療時，常抱怨心理治療師太遙遠的原因之一，因為並沒有馬上分析對或錯。

　　做任何協調與處置的基礎，是要有充份且完整的訊息，但是個案的說法能代表全部嗎？（光這個疑問要如何呈現，就是難題。）關於外在事件與內在的心路歷程，是否把家人都找來，就是了解全部家庭故事嗎？

　　無意說任何人都不能抱持這種期待，只是要再重新思索（如果期待有新的出路，而不是老路上重複衝突。）任何人在描述診療室外的經驗時，心理治療師要如看待呢？

　　心理治療師以什麼方向來聆聽這些陳述呢？理論上，不是照單全收，也不是全盤否認，如何讓診療室外的故事，

有助於增加對個案的了解呢？心理治療師的詢問與澄清，
能夠讓心理治療師了解多少呢？

　　例如，當心理治療師澄清個案某段說法時，個案的答
案就是唯一的實情嗎？心理治療師如何確知就是那樣子呢？
但是只有懷疑，也很困難繼續走下去，難道心理治療師改
成做「家訪」嗎？家訪就是了解實情嗎？

　　如前所述，這不是用全有全無的觀點，例如，完全了
解或根本不了解，來看待這些說法，只是心理治療師能做
的是什麼呢？有哪些是根本不可能做到？以及如何在這中
間找出路呢？

　　常見的是，在心理治療過程裡，當心理治療師處在這
些疑惑狀態，不能使用過少材料，做出太大的決定時，個
案的不滿意就已經浮現。甚至，不只是不滿意，而是不滿。
這不是對或錯的現象，或是該不該如此的問題，卻是常見
的現象。

　　這些描述只出現在診療室外的生活裡嗎？在診療室裡
會是什麼場景呢？為什麼佛洛伊德提過，診療室裡所出現
的移情，也是一場戰爭呢？這是什麼意思呢？佛洛伊德小
題大作？或是他嘗試描述診療室裡的某些實情？

　　回到實際的診療室裡。

　　你上次缺席了。此次治療，你搭計車趕來，很忙碌的
樣子。你很快解釋是因為工作忙碌，所以上次必須請假，
但你並未說明何以無法電話請假。

當我想了解並一起來看看，除了你所說的原因外，是
否還有其它因素，潛在地影響你請假的可能意涵？我還沒
問完，你馬上開始提到生活與工作上的種種困難。好像不
讓我詢問或澄清，或者你實在太想談更急迫的問題。

你提到老板的壓迫，以及對於先生被動態度的不滿，
覺得先生不夠積極。你形容在家境不好的情況下，自己如
何努力打拼工作，照顧弟妹，好像你取代了父母的功能。
但是你覺得，弟妹長大後，都不記得你的恩情。

聽起來，你在工作上是成功的，但是在與他人的相處
上，幾乎都像在打仗。好像人生就是戰場，每一分每一秒
都在打仗。你在診療室裡的說話方式，也像是轟炸，將所
有的時間都佔滿了。

用「轟炸」這個詞形容你說話的方式的確很不禮貌，
我也不曾這麼說過，心想在此刻，你是無法了解這麼形容
的多重意涵。我也認為，這時在你面前這麼形容，也是粗
魯的動作，就算我覺得我是多麼有善意。

我變成了像是站在旁邊看的人，也像是你當年的父母，
但是我的工作必須試著借用語言，跟你的心理上有所接觸，
我卻一直覺得無能為力，只能任由你帶來的豐富故事，佔
滿我的腦海，卻讓我難以有想像力，想像你是否另有其它
出路？如何讓你的追尋出路，真的是有出路？

但是，我根本無法思考其它可能性。我又覺得，我必
須做我的工作（再說一次，是借用語言，來跟你有心理層

次的接觸。），雖然這時要談什麼實質有力的幫忙，好像還不是時候。

雖然，你也隱微地丟出期待被幫忙的訊息，但我卻沒有著力的空間，好像我們是處在一個戰場上，對立的兩方，你隨時來轟炸，我只能先暫時閃一邊，不是變成你和我的對峙，才能讓這個治療得以持續下去。

這讓我想到，原來我們也是在戰場上，診療室也變成了戰場，雖然還不是激烈衝突的模樣，但是張力也漸漸密佈起來。如果我只是無能與無奈，顯然並不是我的工作職責，那麼我的職責是什麼呢？

我要使用精準的答案與建議，像精準的炸彈轟炸你？

我想到的是，在你轟炸的空檔，出來跟你說哈囉，或問一些問題，好像如此才有機會，跟你有所交流互動，而不是被你的故事炸得沒有思考空間。我必須仔細觀察，找出空間，然後出來說話，讓兩人藉著語言有所交流。

這也不是很容易的事。有時說出來某些自覺不錯的觀察，好像輪流當轟炸機來了，丟出炸彈後又各自先回到各自的地方，指心理的安全空間裡，或精神分析師溫尼科特所說的「過渡的空間」。雖然不滿意，竟然只能這樣子，繼續尋找空間讓自己出現，藉由語言的交流，看是否能夠逐緩和下來。

唯有和緩下來後，讓你和我雙方能夠慢下來，好好思索這是怎麼回事，到底除了診療室外的故事，在這診療室裡，還有什麼潛在內容不自知地交流著？

如果真的是在戰場，還能夠如此做語言與心理交流，這對兩人關係的維持，就具有相當重要的影響力，不至於被失望淹沒，至少，我是這麼相信。我甚至微微相信，這些爭執的戰爭裡，隱含具影響力且不自知的失望。

雖然，我問你的期待是什麼？你很快說，不抱任何期待，能收獲多少就多少。但是，沒有期待，何以還會有失望？我不認為是刻意矇騙，我是假設，何以人常常經由感受到失望後，才發現自己潛在的期待？

這些期待，是何時出現？很早很早的生命早期，或者是治療當場才出現？這是個有趣卻辛苦的課題，不論如何，都將會影響你和我，以及接下來的心理治療工作。

第八章
推論的答案一定是眞理嗎？

你來的時候，顯得垂頭喪氣，因爲先生突然生病了，實在太突然了，讓你難以忍受，怎麼會發生這種事呢？你雖然沒有說，你的一輩子已經多災多難了，怎麼緊密相處的先生，突然生重病？

還好只是走過死亡邊緣，但是先生從死亡邊緣回來後，卻是你變得更加抑鬱的開始。不過，你不覺得那是抑鬱，你更覺得那是你的身體不聽使喚，你無法忍受這種不舒服感。只是這種不舒服是針對什麼呢？只針對身體不適嗎？

這些現象更影響了你的睡眠，好像一睡著了，你就不知道會有什麼突發事件出現，例如，擔心是否先生還在床旁？這是擔心先生會再突然發生危急狀態？或另有其它擔心？

先生曾經有段時間，常不在床旁，因爲他另有其它女人在外。後來，又回家裡來了，你沒有多說什麼，好像那已經是過去的事情了。此次，你提到害怕半夜起來，不見先生在旁，你已不是指向這個記憶？

我記起你以前曾說過的一個片段，你並沒有把這兩個場景聯在一起。我也忍住了沒說，雖然很想說出口，好像是替你說出口。我還是猶豫了，怕是難以消化的一場連結，讓你更難以忍受，更難以自處，會更加莫名不安。

　　雖然我如果這麼說，是想替你的莫名不安找個說詞，而這說詞就是這兩個場景的相似性。針對你的說法與我的想像，我先回頭來想想，這個過程裡涉及的一些理論思索。例如，你高興地接收我一套說詞，是否只是讓你離自己更遙遠？

　　如果我覺得那兩場景相關，其實那只是我的立場推演，這種推演是來自於叫做後設心理學的假設。佛洛伊德稱自己的理論，是一種後設心理學，它是一種臆測，但是沒有臆測卻只能困在原地，有了臆測才不致寸步難行。

　　佛洛伊德甚至說，他的理論是巫師的後設心理學，這是什麼意思呢？理論與假設是依據一些外顯行為，對內在心理世界所做的推論，自己構成一套系統說法，形成一套所謂的後設心理學。也可以說，個案以他的靈魂，來交換治療師的一套說詞，並希望那套說詞能很快解決他們的問題。

　　但是你的情況如此真實，我甚至一度覺得，你的狀態就是我剛剛提及的那兩種場景的重疊。因此想要告訴你，我就是佛洛伊德所說的巫師後設心理學的報告者。當我想告訴你，你內心的真正困境，好像是要你拿出你的靈魂來交換。

　　差點讓我忽略了，這個來自歌德詩集《浮士德》裡的巫師，是浮士德為了再獲得活力與年輕，用靈魂所交換來的活力丸。因為我差點太快假設並指出，那兩個場景的相同，好像如果我點出這點，就會讓你醒悟了什麼，像獲得

巫師的活力丸。

　　還好我擔心你可能無法消化我過早的陳述而剎住了車，也許我當刻的判斷是錯誤的，你早就可以承受與消化先生不在床旁的場景。但是一個場景是先生去找別的女人，另一個場景是先生去找閻羅王。難道，在想像上這有可能是同一件事？

　　後來，當你提及你覺得我那麼年輕，根本不可能了解你的問題。我甚至感覺到你這麼說時，不只是抱怨我的年輕，而是帶著一股奇怪的怒氣指向我。難道我年輕也是過錯，會讓你生氣嗎？

　　這麼一想，我倒覺得如果你在這種生氣下，就算我說出之前所說的場景很真實，我想只是更讓你感到不快，而更難以消化和想像這些經驗。難道你先生當年不在家時，所找的對象也是更年輕女人？如果是，也許我可以了解，你那股沒說出的怒氣。

　　可是我甚至覺得，我好想把這股怒氣塞回給你，而不是莫名往我自己身上丟。這讓我想要尋找這個現實，既然我年輕是讓你生氣的事情，我就另找一件事實，再把你的生氣塞回你自己，讓這種氣指向別人，而不是指向我，何況年輕也不是我的過錯，也許這叫做以現實做為現實的攻擊吧。

　　當你再次提到，你先生生病差點死掉，我才想到，難道你提到的場景，害怕的是先生真的死掉？但是他已經脫

離危險，已經回到家中了，你沈默了一下子，突然問我，是否可以增加為每天都來心理治療？

這讓我更混淆了，你不是才說我太年輕無法了解你嗎？而且是在你再次提及先生差點死掉後，雖然你解釋說你覺得問題更嚴重，需要更多次的治療，但我對於你提出的時機有些不解？因為每天來心理治療，你至少花半天在外，而先生只能一人在家，如果怕先生死掉，怎麼又讓你想要有更多時間在外頭呢？

我突然有你可能覺得可怕的想法，你可能想要先生死掉算了。這是你害怕的理由，因為這個想法本身讓你害怕，如果是這樣子，意味著潛在裡你仍恨著先生，也許是以前先生在外有女人的事。

但是，先生與你的爸爸很像，你說從小早就習慣了，媽媽的先生不在家。因此先生回來，你也覺得就是這樣子啊，好像要適應不是難題。然而，你此刻想要多些時間離開先生來心理治療，卻讓我推論你可能感受到自己的恨意更明顯了，因此你想要離開一下，以免那種恨意持續更加強？

我的後設心理學的假設，讓我推論是否你覺得先生的突然差點死亡，是你長期的恨意和詛咒所造成的結果？這讓你很害怕，你的詛咒會再次發生作用，因此你害怕你的床旁空了，可能是期待，而不是害怕，也不是擔心？

因為你難以接受這種可能性，因而變成害怕，好像你是一個可怕的女人，如果是害怕，你害怕的是你自己。當

然啊，這些只是我的後設心理推論，想到這些我反而放鬆下來，雖然無法將這些想法硬塞給你，也沒必要硬塞給你，不然反而變成我施行另一種語言暴力。

我有了一些推論與假設後，對於你剛剛對我的生氣，我變得不再只想以現實反攻你，而是開始好好思索，你的狀況的眾多可能性，除了剛剛的推論與想像，是否還有其它可能性？雖然現在還看不到尾端。

多麼神奇啊，只因爲有了更多假設，就不再感覺硬被綁進你對我的抱怨與生氣裡，也許這就是英國精神分析家比昂(Bion)所說的「思考理論」，以及思考所帶來的「涵容(container and contained)」理論。不過這只是我的想法，以後有機會再細說。

有了可思索的更多角度，我因此試著說，你是否對於我一時之間無法幫上你的忙，無法對你有深入了解而感到生氣？你先沈思後，說你沒有生氣，好像又回到原點，但我不會跟著想生氣了，也許這就是我們工作的機會吧。

第九章
佛洛伊德的巫師式後設心理學是什麼意思？

　　我無意在診療室裡使用佛洛伊德的理論術語，來說服你接受我的說法，畢竟，精神分析不是要說服什麼，在診療室裡也不需要精神分析術語。此刻在診療室外，我藉著文字回顧與你互動的過程，仍不免需要借用一些參考點，尤其是佛洛伊德與其他精神分析師的理論，來思索我與你的治療裡，所產生的種種現象。

　　就算只是某個臨床小片段，經過我一番思索後，也許可以找到更適合表達的話語，讓你可以一起來思索，到底治療過程裡發生了那些事？以及探索心理治療裡，所發生的某些話題，或某種瞬間反應裡，可能隱含了何種訊息，值得我們進一步思索？這些思索不必然馬上幫上大忙，但至少有更多的想法，來擴展診療室裡的視野，思索是否可以觀察到其它被忽略的事件？

　　雖然在前一章稍提及，我還是先針對本章題目談談一些想法，然後再回到診療室裡，你提及的一抹微笑，可能是什麼意涵？

　　佛洛伊德在晚年回顧自己的論述時，他指出自己的理論是「後設心理學」，意指的是，這些理論是針對臨床現象，所做出種種想像與推論，都是事後用來解釋臨床現象

背後隱含的其它可能性。這些描述都只是事後的想像與推論，並不是事件的眞正本質，雖然所謂事件的眞正本質，一如人性是什麼，是無法捉摸的潛在內容。

例如，我們可以看見或說明一張眼前的木椅子，但如果要清楚說明，具有那些本質才能被叫做椅子？我們能夠摸得到那些本質嗎？例如，可以被人坐的東西叫椅子，但是被叫做桌子的東西我們也可以坐在上頭，那桌子也是椅子？

如前章提過，佛洛伊德認爲自己的理論是後設心理學，是一些臆測，但他又說沒有臆測則寸步難行，這點稍後會以你的例子來說明。另外一個需要說明的是，何以佛洛伊德在他的「後設心理學」這名詞前，加上Witch（巫師）呢？前章曾說明這是取自哥德的《浮士德》的故事，我可以再詢問的是，何以會說這些後設心理學是「巫師式後設心理學」呢？

到底這些後設心理學，是跟誰交換了自己的靈魂呢？如果是我做爲治療師，對你提出一套說詞，但那套說詞不必然解決眞正的問題，這套說詞（可能成爲防衛問題的說詞，而不是解決問題）變成只是一種交換，你用你的靈魂交換了我做爲巫師，給你一套說詞。這套說詞讓你覺得有力氣，也感到興奮（不必面對眞正的受苦），卻可能讓你更遠離你的實質問題，並無法眞正解決問題。一如浮士德無法面對眞正的困難，卻以交出靈魂，交換能保持一時興奮的解決方式。

　　我就試著，以你的那抹微笑來說明。雖然我還不甚確定，你是否能夠了解或者把我的比喻，當做是一種攻擊？因為意味著要你面對可能的真正問題，而不是避在表面防衛裡。因此我先聲明，這裡的討論只是一種假設的探索。

　　你說，你的微笑是出現在，當你對另一位醫師控訴，你的先生是情緒的虐待者，你先生在你提出離婚想法後，他威脅說，如果你要離婚，他就會跟小孩一起去死。你是如此喜愛小孩，這讓你幾乎崩潰了，難以再忍受先生了。你說，你相當難過，不知道怎麼辦，就跟一位網路上剛認識的男網友外出，你們在外頭過了兩天兩夜，你們談了很多事，你從來不曾感受過，人性可以這麼溫暖。

　　對於你們兩人在旅館裡做了什麼，你說得很曖昧，你說，後來你回家後，坦誠跟先生談了這兩天的事情。你先生很生氣，威脅你說，他要與小孩一起去死。你說，那時候，門診的精神科醫師問你，何以你提及先生威脅你時，你竟露出微笑？你說，你當時否認自己有微笑，這是很傷心的事，怎麼可能笑得出來？

　　後來，你再提及，醫師聽了你的陳述後，問你是否想要依法提報你先生的家暴行為。你說，醫師又再度問你，何以露出微笑？你這次很坦誠地承認，你很高興。但是，你告訴我，其實回想起來，第一次時，你可能臉上真的有微笑，你不知道為什麼，但事後想想，覺得很有可能你真的笑了，雖然你在醫師面前否認了那個微笑。

　　但是，你覺得第二次微笑，只是在應付那位醫師，你不想讓那醫師覺得，你老是否認眼前發生的事。事後想來，你覺得，第二次你真的沒有微笑，雖然第二次才是你真的需要微笑的時候。但你自己並沒有笑，甚至到現在，你也覺得你根本笑不出來。在笑與不笑之間，我能提出什麼假設，描述你的內在心理狀態？

　　我想到的假設，包括你是否可能期待，先生與小孩都死掉算了，因為對你來說，他們是累贅？這是你與那位男網友外出時，相比較才感受到的經驗，你想過如果他們真的死了，你就可以與那位男網友更自由地在一起。那樣子，你就不必那麼曖昧，可以大大方方地行動。

　　當我試著澄清這些說法，我只是澄清，沒有下結論，你不只是微笑，你是大笑，你笑我說的是蠢話。你不可能想要小孩死掉，你很愛小孩，但是你恨死了先生。你的大笑卻讓我覺得，我這麼說好像讓你更解放了，因而你很放鬆地大笑，雖然你說我愚蠢，但你不是真正的責備我，這讓我更感到困惑？

　　我困惑的是，我自恃著這個治療關係，以為可以讓我說出，你與先生及小孩的互動假設，好像是我替你說出了某些話，因而讓你大笑。這是因為你暗中交換了這句話，這句讓你愉快的話，但是你說你喜歡小孩，我當然無法否認有這個成份。但是如果這樣子，你為何外出兩天兩夜，讓小孩不在你身旁呢？

　　我想著，是否我這句話與你潛在交換的是，讓你避開了對於小孩的複雜感受，你拿著我的話，做了部分的承認，這讓你很興奮。但是這個興奮卻讓我擔心，你潛在地忽視了你對小孩的複雜感受，是否這會帶來小孩的危險？如你所說的，小孩若真有危險，我是否能提出，你間接地激發了先生的敵意，加強了小孩可能被傷害的危險？但是，你的大笑已經把我的假設給推開了？

　　何況，這些都只是你陳述的話，我如何知道你在診療室外的歷史真實呢？因為你在我眼前所表露的現象，我都已經很難完全確定，那是怎麼回事了？我能夠以你所說的，做為「口供」來提報你的問題，變成「刑事事件」嗎？

　　治療結束，你站起來時，還說其實你那兩天兩夜都是一人獨處。我還能夠思考什麼呢？

第十章
治療者做為見證者的可能下場？

如果我說做為治療者的角色，是見證了你的某些困境，你將會如何對待這位見證者呢？這種見證是指什麼？是指你陳述的當年歷史故事本身，抑或是你此刻再度陳述時，你在目前所呈現的心情與模樣？這是見證了如宗教經驗般的某種存在？或者見證了如同法庭上作證時，親眼所見的某個創傷場面？或者只是我想說的心理真實呢？

例如，在十幾分鐘的沈默後，你突然冷冷地說，其實你從婦產科醫師口中知道，你懷孕的是位男孩子，你就開始抑鬱了。起初，可能只是不安吧，你也不知如何形容，就是一種焦躁吧。這是先生與公婆所期待的男胎，但你卻開始想要反抗，希望不是男孩子。

你期待醫師的診斷是錯誤的，後來，你曾對婦產科醫師輕輕帶過這疑問，但是婦產科醫師說她所懷的小孩鐵定是男孩。醫師還替她高興，但她卻真的高興不起來，以為只是初胎懷孕，對於以後要如何照顧孩子感到不安吧。你強調，當時的確是這麼想，這樣理解那種不安。只是愈接近預產期，心情卻愈來愈往下掉，一種往下掉的心情，好像一切都來不及了。

　　你也不清楚那種心情是什麼？一種很奇怪的感覺，好像一切都來不及了，你就一直沈浸在這種往下掉的心情裡。到底是什麼東西往下掉呢？是指胎兒往下掉嗎？心情往下掉是什麼意思？你只覺得同時又有愈來愈慌的感覺，愈接近預產期，心情愈是這樣子。

　　就是快樂不起來。你隱約知道，不只是因為初胎生小孩子的緣故，你甚至開始害怕，小孩是否會出事？是否無法順利生產？小孩是否會因某種不明原因而生不出來？你覺得愈說不出這些擔心，心情就愈沈重，後來就不只是心情往下掉，而是心情愈來愈沈重，被什麼東西綁住的沈重感。

　　小孩出生後，家人都很高興，你卻從此不曾再笑過。從那時候開始，你真的就笑不出來了，你也不曾抱過小孩，整天只想躺在床上，好像你已經經歷了一場生死交關的事件，一切力氣都用盡了。從那時候起，你只能好好讓自己活下去，唯一的方式是好好休息，要有足夠的休息，然後利用清醒的小段時間，讓自己覺得自己還活著。

　　有時甚至厭煩自己，怎麼還活著，覺得自己早就死掉了，這也不是真的想去傷害自己，而是覺得自己已經死掉了，但是還想有活下去的感覺。活下去的念頭，好像有一種模糊的目的，那個目的雖然不曾清楚過，卻又變得愈來愈不清楚，她確實知道有它存在。

　　後來，你就缺席了兩次治療，你有請假，都是臨時的請假，你以前不曾如此。我假設可能是你談了當年懷小孩

時的事吧，因爲你談出當年的某些想法後，你覺得自己太殘忍了，難以面對自己竟然是這樣的人。不過這些說法只是我在你請假時想到的假設，後來你依約前來了，你的表情依然是長年的抑鬱與肌肉紋理。但是你卻更帶著攻擊的口氣，尤其是對於我的不滿。

　　你起初只間接地說，根本沒有人了解你，好像藉著「沒有人」把我排除掉了。後來，你說你很不滿當年母親幾乎不管你，雖然你可以諒解他們，他們很辛苦，他們將心力都花在照顧哥哥，哥哥出生後不久發燒而智能受影響。你說曾想將哥哥弄死掉，後來只是偷偷捏他。

　　你覺得母親從來不曾抱過你，你是自己長大的。我從很多個案那裡聽過這句話，個案覺得是自己長大的，直到後來，事業有成就也都是靠自己，但是你說自己卻是一直難以有所成就，雖然夫家人都很包容你。

　　當你說你是自己長大的，我好像是見證了，你上次所談的懷孕過程裡，曾經浮現的種種惡意，好像這些潛在的惡意伴隨著你一起長大。至少，我是清楚察覺到，當你說沒有人了解你，和說你是自己長大的，其實，當你對我這麼說的時候，你心中是多麼貶抑我，好像我是一位無能的人，或者，在你的心目中，我根本就不曾眞正地存在你眼前。

　　除了你可能是反映著，當年母親沒把你放在眼裡，現在，你反過來報復的方式，是你潛在地沒有把我看在眼裡。我也想到，在你對我說出，當年懷著男孩時，那些難以說

出的種種想法時，我好像當場見證了你當年的惡意，你可能覺得當年那些只是念頭的東西，突然變成具體的感覺與影像，呈現在你我面前。

那些念頭原本就潛在地，讓你難以原諒自己的惡意，但你此刻說了出來，讓我聽到了這種見證，這個現象到底帶來什麼後果呢？我先試著來推論看看。

你在請假後再來時，是以攻擊的口氣，好像你說出當年的想法後，反而擴大增加了你跟我之間的距離，變得更遙遠了。當無法言說的困難從你口中出現後，當然我們可以假設，你可以處理潘朵拉盒子打開後的種種矛盾，我也是這麼期望，但是期待與落實之間的空檔顯然仍存在。

治療者做為見證者，見證了你某些深層的創傷經驗，這到底帶來什麼樣的效應呢？除了大家想像中的，期待我的支持與包容外，是否還有其它的情緒與困境呢？是否見證你的創傷再現時，當時埋怨的恨意，也跟著投射到見證者身上？這讓你陷於一種莫名的困擾，讓你對我這個見證者處於矛盾狀態，甚至覺得必須將我這個見證者，排除在你的生活圈裡，因而增加了你繼續來治療的阻力。

通常一般人只假設，我被當做是你的支持者，你會很高興我聽見你的故事，但是你的缺席，除了現實因素外，是否也反應了人性的某種困境？前述的狀況有可能是人性的一部分？例如，你想要排除這些不好的恨意，也期待說出來後要見證者接受，或者進一步期待我安慰你，並對你說這些想法不是錯誤的，何況已經是過去的事了。

　　這些論述只是你和我見證了，當年某場心理現實後，我簡短的感想，在以後應還會有更多其它想法吧。

第十一章
「如果」不再只是如果，那如果是什麼？

你談了生活上的種種挫折，你說這些挫折來自於原生家庭，也來自於後來的工作，也與自己結婚後所帶來的問題，這些問題都息息相關。你甚至想過，如果你有三四個分身，不同分身幫你處理不同的事件，那麼，你的人生就不會這樣子。

這種想像看起來是有些力量，讓你在面對人生上的種種困境時，得以有個緩衝地帶。但是你的表情仍是如此受苦，我一時之間也無法確定，當我掀開這種防衛機制時，如果你還沒有其它內在能力，來緩衝這些困境，是否會一下子承受太多同時被釋放出來的困難，而難以承受？我因此還不對此說些什麼。

雖然在技術面來說，指出這些內在的防衛，例如，你做某事是為了防衛另一件事的說法，這種直接指出個案內在防衛的方式，臨床效果其實很有限。因為人的防衛是必要的，若在缺乏準備的情況下被掀開防衛，只會再找另一個防衛來緩和自己的壓力。

只是仍不免想像，要去掀開這些防衛，也隱含著我的挫折與攻擊吧，讓我想像只要掀開這些內在防衛，你就可以看清問題，然後很快就可以解決問題。如果能夠這樣子，我做為治療者的挫折就解決了。

　　在口氣和態度上，起初你說得好像只是「也許」人生就是這樣子，但是當你愈說愈細節的想法時，例如，如果某位分身可以幫忙處理與老板互動的困難，如果某位分身可以處理你跟母親的問題，如果某位分身可以處理你的小孩所發生的問題……

　　當你想像這麼多的「如果」，這些細節與想像的浮現，在我聽起來，卻像是你無意中流露出來，已經不再只是「如果」怎麼樣，「也許」人生就會改變。而是有著隱隱肯定的成份散露出來，好像已經變成你很隱微卻又很確信，這些「如果」的分身已經是你的一部分。

　　我相信如果我馬上指出這點，你會覺得其實並沒有我說的那麼確定，然後我就很難再接下去說些什麼。當你這麼說，你也是對的，因為的確不是百分百這樣子。你說的是一個面向，而我只是假設還有另一個面向。

　　但是，如我所疑惑的，如果可以有那麼多分身，照理，你的生活就會完全不同了，你就不會陷在目前的困境裡？所謂照理，是指依據現實原則，在意識層次的利弊分析。

　　如果我說，那些分身都是想像的，不是真實的，所以你的問題仍會存在。這個說法本身也有漏洞，因為臨床上是有可能，個案有了不同想像後，結果就會有一些改變。因此，你還有困境，可能另有其它不可知的因素，仍在發揮作用。

　　我突然想起了，神明的多種分身的問題，在不同地方的宮廟，有相同的神明或它的分身，我們都相信這位神明

（例如，媽祖）知道所有的事，以及將它的保佑分給所有人。我不認為要以「迷信」來推翻這種說法，畢竟，了解這些心思背後所含的心路歷程，也是人要了解自己是怎麼回事的重要來源。

甚至，這些愈被當做迷信，卻又影響深遠的想法與信念，就愈具有某種內在的價值，來呼應前面章節所提出的，關於心路歷程的說法。

以你的說法為基礎，再回頭來看，你在談論自己時，有個重要的假設，那就是你以「如果」有各種分身做為開始，試想在遭遇人做為人時，所遇到的尊嚴或實質的困境，就會有某個分身來應對。

例如，如果沒有這種「如果」，你會如何呢？如果我對你多說些什麼，也許就不會現在這樣子了？或者，如果以前做了什麼，就不會像現在這樣了？

在這些「如果」與「也許」之間，構成了一種有趣且有力量的說法，因為這是內在世界說法的呈現，不是只有表面言詞而已，而是的確會構成某種力量，推動著你去想像以及實踐了一些事情。

我想進一步推論，對人的存在來說，這種「如果」是多麼重要的力量起源，如果沒有這種如果的想像做為出發點，我就很難想像，人類會有所謂心理空間這件事。好像一切都是從如果開始，有了如果，就有了很多想像空間，有了想像空間就有努力的空間，有了努力的空間就有未來可能性，這是一系列環環相扣的現象。

　　從想像「如果」做為開始，只是這種想像如果被當做是迷信，而忽略了這些如果的想像裡，所呈現的心理意義，以及這些心理意義所衍生出來的人性力量。因此，如果將這些想像當做是迷信，那麼，因為「如果」的想像而開展出來的心理場域和力量就不見了。

　　雖然我也同時擔心，如果你過度沈浸在這些「如果」裡，你有可能會忽略現實，只沈浸在想像裡，反而讓你遭遇更多困難。做為治療者，我當然不排斥要注意這種可能性，但我卻發覺要先讓「如果」的想像，能夠在心中更滋長，才有可能會出現對於未來的更多可能性，並讓這些可能性可以開展。

　　對於你提及的種種「如果」，我在心裡常想去撲滅它，因為我常想，要以「面對現實吧」這五個字眼，來告知你這才是正途，而不是只沈浸在這些想像的「如果」裡。好像這麼做，我才對得起自己做為治療者的工作，不然會讓你在現實裡，遭遇愈來愈多的挫折。

　　如果我只是想像著，你能夠納進我對於現實的訴求，也希望你趕緊依據我提出的現實而有所改變，不要只沈浸在想像各種「如果」裡，這是什麼意義呢？

　　是否我想要讓你看清所謂的現實，「面對現實吧」的做法，有多少成份是在打壓你，讓你無法藉著「如果」的想像，開展你個人的心理學空間，也就無法讓你自己內心的心理學，能夠有處理你困境的方向與力量？

第十二章
處理阻抗是處理內在防衛或處理移情呢？

再次談論一個值得重複討論，從不同角度或不同案例所出現的問題，關於治療技術上，對個案的內在防衛機制，是否需要直接加以揭露？

雖然是技術問題，很少純粹只是技術課題，因為任何技術的施展者，涉及診療室裡當時的移情和反移情因素的相互影響，這將影響著技術施作後，個案可能會如何解讀治療者的作為。

再明確化前述主題，治療師發現個案常使用某些防衛機制時，如果我們指出個案的防衛機制背後的心理意涵，個案的反應會是什麼呢？

例如，當你頻頻提出，我要拋棄你了，雖然我不了解你的感覺是怎麼來的，但是你說話的強度是如此強烈，好像我不接下你的要求就是要拋棄你，或者是我早就已經拋棄你了？你的口氣愈是這樣子呈現時，我愈感到困惑，當然啊，我還無法再深入觀察和想像自己的反應，是否我如你所說的，在心理上我不但想拋棄你，而是早就拋棄你了？

當我愈覺得自己應不至於這樣子時，反而這種潛在地肯定自己，好像我在說服自己應不會想拋棄你，這個現象讓我反思，是否有可能真的如你所說的？

　　經由某些很細微的互動過程，例如，你的問題重複出現，的確讓我感到困擾，這種困擾也許意味著，對於你的問題無法有效改善，我也充滿著挫折感，這種挫折感可能導致我覺得算了吧，是否真要持續再治療下去呢？

　　這個課題雖然以疑問句的方式呈現，其實在我的隱微行動之間，的確早已經流露，不如結束算了的想法與行動。

　　當我這麼想像時，也許才是真正開始嘗試體會，你可能的困擾和不安，雖然我不認為當你覺得我會拋棄你，這個想法只起源於我的潛在反應，應也有你個人的原本問題，這就涉及了你曾提過的生命早期故事。

　　如果我沒記錯的話，你曾提過，當年父母生下你後，不久，就把你交給在鄉下的祖父母撫養，直到小學一年級時，才返回與父母同住。你從小就覺得很不公平，為什麼父母不將哥哥丟去鄉下，而是你被送到鄉下呢？

　　另外，你也曾提過，先生常常不在家，覺得先生根本是故意激怒你，要讓你離開他，但你說你不會離開，因為是先生要拋棄你。這些是你以前提過的故事，雖然這次你並沒有再提及這些事。

　　我覺得你認為我拋棄你，是在防衛近來你跟先生之間的緊張關係，我很自然地就向你提出這個想法，表示你擔心我會拋棄你，是因為你很難面對你與先生之間的緊張。但是，你馬上就帶著些微怒氣，表示不是我想的這樣子，你說和先生的緊張關係已經很久了，最近也沒有什麼變化，

反正再壞也不過這樣子。

接著，你反過來說，我上次滿臉倦容還打哈欠，還說這一次治療開始時，我的表情是不高興的樣子，好像我在生氣你，你沒有好好改變自己，但你接著說你已經很努力了，不過事情就是這樣子。你甚至覺得，我根本沒有用心在你身上，我只是在敷衍你。

聽你的回應，我才突然冷靜了下來。原來，此刻，你更大的不滿是不滿我的反應，你所指證的情形，也讓我一時不知道要說什麼，因為我無法否認你所見的是否如此，何況我若否認，可能帶來的是你的更大怒氣。

我回頭想想，如果你有這些潛在怒氣存在著，我先前的說詞好像是要將你對我的怒氣，潛在地拉至你與先生的緊張關係。其實，當前更緊張的是你和我之間的關係，但我卻藉著說明你和先生的緊張關係，將張力往外拉，顯然地你不願意我這麼處理與說明，而直接地表達了對於我的不滿意。

這讓我回想一個技術課題，也就是當我針對你的問題，指出了背後的另有問題，這好像是在指出，你的症狀與問題是一種防衛，防衛你背後對於先生的緊張關係。這種技術的做法，是針對你的防衛機制，但是由你的反應來看，我不能定論說，之後，你一定不會有所反思。

但是也讓我想到，在精神分析史裡，某項關於技術方面的討論，當我們處理個案的阻抗現象時，是針對個案的內在防衛機制？或是針對移情的處理？至目前為止，在臨

床經驗上，如果詮釋個案的內在防衛機制的背後意義，藉這技術來處理阻抗現象，臨床效果常常並不如預期的那般順利。因為當個案還需要這些內在防衛時，卻被突然指明出來，一時之間，個案只能再度以另一種防衛機制來保護自己。

因此，至今在精神分析界裡，通常是針對移情的詮釋，來處理個案的阻抗，而不是指出內在防衛機制，做為著手處理阻抗的方式。若由這些臨床經驗報告來看，我指出了你的防衛，不但沒有讓你思索我所說的話語，反而只是讓你以表明對於我的不滿來保護自己。

也就是說，我原先自然指出來的內容，在此次的治療裡，因為我沈浸在這些困惑裡，在當時，沒有針對你對於我的抱怨，提出移情的詮釋，尤其是其中的負面移情。也許在這種氣氛下，我若直指這個負面移情，不必然是最好時刻，但我相信這些負面移情會再以其它方式呈現。

畢竟，個案的移情是會重複出現的現象。也就是說，所謂移情，就是會重複在不同場合，以不同的變形方式出現，我們不致於沒有機會，再後續處理這個課題。

至於，何時是對負面的移情提出說明的最佳時機？因為技術介入的目的，是要讓個案得以有更多後續的話題，因此讓負面移情課題變成可以討論的課題，這仍需涉及當時的移情和反移情狀況，很難只用什麼時間是最佳時機來討論。不過，這個問題在後續的文章裡，勢必會是重複被討論的課題。

第十三章
這一切都只是湊巧？

你說了最近遭遇的一些事，例如，家人之間爲了一些小事，卻產生的重大衝突，也提及近來身體的疼痛感變更明顯。你還說，這種疼痛的感覺早就存在了，但沒有想到最近又出現了，這讓你很害怕是否又會變得跟以前那樣？

你說，好像有個內在小孩在喊痛，你補充說，在小時候只要你喊痛，家人就會注意到你，不然平時家人根本不太理會你。

我想著，你所說的「內在小孩」是什麼意思呢？是小時候的自己？如果是，那就說小時候的自己就好了，何以要說「內在小孩」這個詞呢？它還有其它的意涵嗎？我還沒有詢問，你繼續說你其實還蠻喜歡那個時候，後來就分不清楚，那些身體疼痛到底是身體問題，還是你喜歡家人的關切？

對於你的陳述，我聽起來更像是否定句，而不是疑問句。也就是說，你還是覺得那就是身體問題，你說，你去過好幾家醫院做過檢查，但是都查不出眞正原因，你這麼說是肯定句，肯定有一個還沒有查出來的眞正原因。

後來，你略帶輕描地說，偏偏你最想要的是，再重複成以前那種樣子，雖然你還很難完全說清楚，所謂以前的

樣子，到底它的全貌是什麼樣子？但你這麼說時，好像你潛在認定我從你有限材料裡，應該已經知道你所說的以前是什麼樣子了。

但是，就算在你這種假設之下，當我試圖先做一些澄清，要來清理出一條道路，可以想像你提及的家人之間的紛爭，是否與你的身體疼痛，有些潛在的關聯性？一如你所說的，有個「內在小孩」在喊痛，難道我眼前這位大人不會痛嗎？

我發現我只是稍提及，家人間的紛爭和你身體疼痛之間的可能關聯，而不是直接說明兩者之間一定有關聯，但是你很快地反應說，你身體的疼痛很早就有了，與你所談最近家人之間的紛爭，並沒有關係。你還強調，會在最近同時發生，那只是湊巧，並沒有直接的關聯。

顯然地，我可能犯了一個錯，錯以為你同時提到的事情之間，應該是有所關聯？或者，我的錯是在於輕忽了，你隱隱地堅持，身體是身體，家人是家人，一個是生理問題，一個是人與人間的情緒問題。

你先前提及的「內在小孩」的說法，似乎是有一位內在小孩在喊痛，而且這位內在小孩受家人注意到你的情緒問題。其實，這個內在小孩的想法好像很具體，我卻不確定那到底是什麼？

我發現你的反應好像直接感受到，我潛在想要拉你去觀察，家人之間的衝突與你身體疼痛的關係，這讓你很反彈。你因此很快又強烈的反應，說那只是湊巧，意思是說

　　既只是湊巧，那就沒必要再進一步仔細思索，這些外在事件與身體反應有什麼關係？

　　雖然我知道在當時，如果我硬要拉你去觀看與接受，這兩者的確有明顯關係，那只是讓你更覺得排斥，甚至覺得我根本誤解或不了解你，我才會做那些牽連。但是如果我只順著你的反應，就將這些現象當做只是湊巧同時發生，那我仍然無法拋棄心中的困惑，這兩件事真的只是那麼湊巧，才在同一次會談裡被談到？

　　難道，真的不可能有一些關係存在，如果你願意探索這條線索，是否你就能夠有所收穫，而不是只間接抱怨我沒有幫上你的忙？我想著，我打算幫你忙看清眼前的問題，你卻反而急切說，不是那樣，我說的只是湊巧，不是真正的問題。

　　我也想著，或者你說的內在小孩好像是很具體的個體，是否意味著身體症狀是那位內在小孩的事情，因此你意識上理所當然地認為，你目前的身體症狀屬於那位內在小孩，與當前你這位大人與家人間的衝突並沒有關聯？

　　如果我照單全收了你的說法與態度，是否我就錯失了能夠了解你的機會？雖然一般來說都會傾向認為，了解是指完全接受表面所說出來的內容。我雖然不是否定這種認識，但需要想像在同一現象底下，是否還有其它可能性？

　　好像光有這個想法與意圖，就變成與你站在對立面了。跟誰對立呢？跟眼前的大人？或跟你所說的那位內在小孩？

　　雖然，我在理論上仍不認為，人類早年的經驗是以一

位「內在小孩」的存在而記憶著，我傾向認為這只是一個說法，意味著人們想要描述很多難以說清楚，而且片片斷斷的早年經驗與情緒，而不是如一般個案所說的，有一位具體的內在小孩。

不過，這課題還值得再思索，因為說話者也可能不必然將內在小孩這個名詞，當做具體如照片中的兒時，而是零零碎碎的經驗總合。況且後來對於那些經驗的重新解讀，又成為記憶的一部分，也就是說，所謂兒時的記憶，很難只是當年的經驗記憶，而會摻雜後來的重新解讀，再嵌進原來的記憶，成為所謂兒時記憶的總合。

由你的反應來看，我如果愈硬要置入我的想法，將你身體症狀的可能心理意涵，與你家人間的衝突連結在一起，所帶來的只是更大的反彈。我想，我最好先放掉剛剛的想法，或是先擱置這個想法，先處理別的課題，等待以後，你可能有意願想想是否有什麼關係存在那兩者之間？

這些思索中的背後想法是我的工作假設，沒有任何事情是湊巧發生，每件事與另一件都可能有一些關係存在，但不是一眼可看穿的關係。當我在這個假設裡工作時，當然就不易屈服在「只是湊巧」的假設裡，而是極力探索可能的潛在成因。

至於如何在治療過程裡，讓你可以漸漸接受這種工作模式，是需要花時間來體驗的，而不是光以前述這些說明，就可以往前走。我在這裡只是試圖說出來一些想法，做為以後工作上相互了解的一個管道。

第十四章
誰能了解個案呢？

在心理治療過程裡，個案常會當著治療師的面前，提及這個世界上沒有人了解他，覺得人生在世很孤單。這句話常是令心理治療師感到挫折的來源之一，對於個案這種說法，在表面的意義外，是否還有其它的可能觀點呢？

你提及兩度的懷孕，都是自己做決定墮胎拿掉胎兒，只在事後告知男友。男友的反應是很生氣，覺得你根本沒把他放在心上。你的說法是，身體是你自己的，你有權力決定是否要拿掉胎兒。

這也是你首次提及這件事，你這麼說時顯得如此堅定，好像這個說詞已經強烈地說服了你自己，或者，你完全不確定結果會怎麼樣，因此需要那麼肯定的態度，來讓自己不要被動搖？

自然地，我也沒有說話的餘地了。

你再強調，你只考慮你與胎兒的關係，或者也考慮你與父母的關係，因此你只與父母討論是否墮胎的事。父母也都強烈意見，要你盡早拿掉胎兒，但是無論如何你卻對胎兒充滿了罪惡感。

你並沒有在墮胎前跟我討論這些事，雖然你可能預設，我只會跟你討論這件事的意義，不會馬上給你肯定的建議，

因此兩次的懷孕和墮胎期間，你都是不出席治療，好像突然消失了。

然後，在你墮胎後，你才又回到治療裡告訴我，你所經歷的驚天動地的事，「驚天動地」是你的形容詞，好像我也是局外人，你不想與我討論這些事，只要事後告知我就可以了。

英國精神分析師溫尼科特，將「能夠孤單的能力」當做是精神分析目標之一。溫尼科特的孤單，不是你所抱怨的這種孤單吧，雖然可能採用了類似的字眼。但是溫尼科特的客體關係後設心理學，是將客體對象的追尋，列為與佛洛伊德的理論裡性與死同位階的本能。

客體對象的追尋也是本能之一，在這個論點下，能夠孤單的能力仍是站在客體追尋的基礎上，並不是與其他客體難以相處後，躲避起來的孤單，而是能夠和客體妥適相處的孤單能力。或者說是，當客體不在場時，他能忍受孤單的能力，不是刻意把自己弄成孤單的能力。

這裡所指涉的客體是指什麼呢？一位或多位完整的客體（whole object）？所謂完整客體是指某個人整個人。當你在我面前說，「沒有人了解你時」，我常傾向聽成，你是將我視而不見了。但是你仍固定時間依約來心理治療，如果你不把我看在眼裡，那麼你來心理治療是做什麼呢？

當你說，沒有「人」了解你時，那個「人」字所指涉的，可能不必然是指完整的客體，而可能是部分客體（part object）的認同。所謂部分客體，是指並非完整看待某個

人，只將對方的某部分特性或器官（例如乳房或陽具），當做就是對方。

因此當你說，「沒有人了解你時」，是否可能隱含著你能夠持續來治療的潛在原因，是反應著你其實是對我的某部分客體的認同，讓你持續來心理治療的動力，而不是完整地了解我的強處和侷限？

當我覺得被你排斥在外的感覺，這會讓我可能想要介入你生活裡的實際事件，好像做為心理治療者，我藉著介入你生活事件，我就不是局外人了。但是，我是否真有必要介入你在診療室外的生活？我需要藉著建議，讓我的存在被你帶進你在診療室外的生活嗎？

實質上，人和人之間，我對你的生活有多少了解呢？光憑你所告訴我的資訊，就足以確定我了解你嗎？

如果回到精神分析的後設心理學，假設在治療技術上，最重要的考慮點是讓個案能夠自由聯想（free association）。至於對治療師的期待，則是能夠處於漂浮的注意力（free floating attention）的狀態。這兩種狀態所意味的是什麼呢？

自由聯想多多少少是意味著讓個案能夠在他自己的節奏下，依他自己的方式來說話，依自己的經驗、自己的想像、自己的決定和自己的未來，決定他該如何看待過去。

你在重大事件時就消失了，當你解決好那些事件後，你才又自行回來心理治療，這種現象讓我很想介入處理，因為我覺得這種重複性裡，是你早年生活的反應，我甚至

覺得你以後會再重複你的問題。根據你的說法和我的觀察，我做出了前述的推論，只是這種預言式的推論，到底有幾分的真實呢？

基於做為治療者漂浮注意力的技術理論，我不要為了特定的問題而介入（或不要介入過深），仍是盡量讓我處在平均的注意力，觀察你所提及的任何事，不必然只著重某個你特別著重的問題上。

若從這個假設來審視治療者的狀態和位置，是否治療師的位置像個案的男友那般，才是最佳的位置？個案懷有男友的生物小孩，但個案自己決定是否繼續生下小孩，這是治療者在個案心中的位置，雖然個案男友事後知道後很生氣，但無法阻擋個案的決定。

如果從心理象徵的角度來看，在心理治療過程裡，「小孩」在象徵比喻上，是指個案和治療師在治療合作後的心理成果，但是如何解讀最後的心理成果，以及是否要接受這些成果都是個案的事，治療師很難強迫個案接受。

從精神分析的角度來說，如果治療者能夠處理個案排斥（治療的缺席）的憤怒感，以及其中所含的反移情，個案對於治療者的態度，是否是個案要尋找自己的方式，如果治療者因為覺得被排斥，而硬要以建議介入個案的生活，以為那才是幫助個案，是否反而讓個案失去了解決自己問題的經驗？

雖然我會在你的強力說服下，不自覺地關注你提及的重要事務，但在那些事務上，其實我是被排斥在外的，因

而我就自然地想要介入，當個有功能的治療師。結果卻只是重複你把我放置在重要事件的外頭，其實，我最佳的位置，應該就是這種在外頭的位置，但是我需要試著調整，我處在這種位置時的想法和感受。

這是我對於自己位置的了解，也是對於你的了解嗎？也許離了解你仍還有一段路，但是至少這些了解，在目前已經讓我可以更平穩地聽你說話，多多少少較了解你說「沒有人了解我」這句話的多重意涵，這些了解讓我變得比較自由。

第十五章

你期待自己改變，或你說話內容裡的他方改變？

其實，這是一個很不容易區分的臨床現象，至於會不會變成問題的來源，還得看治療室裡，你與我如何解決這個命題？

這是很常見的臨床現象，雖然是個案來心理治療，好像是要解決自己的困境，卻常見個案覺得真正有問題的不是他們本人，而是另一位不在場的人。

當你提及，家人與朋友的互動時，你覺得那是自己的問題，但是再細聽之後，你可能更覺得發生在你身上的問題，不是你的問題，而是你談到的對象所造成的。這涉及話語本身的迷障，好像當你說某些現象是你的問題時，是指你面臨了某些問題，但是你只是受害者，你的問題來源是來自於別人。

也就是說，你更認為你的問題的起源，是來自於你談論的對象。甚至可能呈現的是你好像隱隱覺得，如果對方改變了，那你的問題也就會跟著消失了。這種情況就好像是說，你來治療時，是期待另一位沒有來診療室的人能改變，甚至是改為期待是否治療也允許，另一個人同時來診療室？或者是期待我給你的答案，是針對如何讓那位對象可以改變。

　　例如，你提到你的生活所以會這麼糟糕，都是因為你的母親，你覺得母親根本是位沒有知識的人，你也覺得父親不理會母親，根本就是母親自己的緣故，不能怪父親。你甚至覺得就因為母親的問題，造成了你至今都覺得自己在別人面前根本抬不起頭。

　　你無法和別人好好相處，雖然表面上可以跟別人和好，但是你覺得自己根本無法與別人深交。你說當年媽媽就一直提醒你，要小心外面是很可怕的世界，到現在，你雖覺得外面世界根本就不是母親所說的那樣子，但是你就是無法克服那種感覺，你無法趕走母親的那些想法，害得你的生活是如此糟糕。

　　我還沒有主動問你，你的母親是否還健在？但是從你的描述裡，就像你的母親已不在人世了，但她仍透過你記得的話語持續存在著，我就先暫且按下現實上的好奇，你的母親是否還健在？因從另一角度來聽，在你的談話裡，她依然持續存在，相當鮮明且活生生，好像當年的景象仍在眼前。雖然母親的活生生，是以讓你沒力氣和喪志的方式存在。

　　這是常出現的臨床現象，也因為常出現就更有臨床意義，意味著這可能有更多與別人共通的心理現象，存在於這些問題和陳述裡。

　　但這不表示這種現象只有一個可能性。如果我假設這種現象背後，有一種可能性是當你在告訴我某件外在發生的事，而那故事裡的另位主角，是你認為造成問題的主要

來源。但是我想著，我真的有辦法只透過你的陳述，就清楚了解你與他方的完整狀況？

並且讓我從這些故事裡，找出解決之道嗎？或者這根本是不可能的事？因為最真正的情況是，就算是你在我眼前，你在診療室裡接下來會如何？對於這點我的了解仍然是有限的，而且你能夠運用的能力有多少，加上我提供建議後的新了解，能夠解決你與他人的問題嗎？

如果連你在我眼前的狀況，我都還難以掌握，那麼我如何相信，我已經掌握你的故事裡的那些人與事呢？以上這些想法的不確定，所造成的治療步調緩慢，如果不是在很信任的關係上，我的被動而沒有很快地給你建議，是否很可能被你誤解為我是不願協助你？

在這個時候，如何讓你我的關係不是往破壞力的方向走，讓你與我都得以緩下來，一起想想到底眼前發生了什麼事？但是在目前，連這個想法可能都覺得很困難，例如，你仍然持續抱怨母親，並且不時停下來望著我，你的眼神裡充滿了期待，要我趕緊給你一些建議。雖然你並沒有直接說出這些期待，但是這些期待並沒有因為沒說出來就少了壓力。

甚至，你變得更挫折，就出現在我眼前。那種表情雖然可以解釋為，你的挫折是來自你正在說的故事裡的母親，但是你的眼神是對著我，期待也是對著我。這讓我想著，到底是什麼動力，讓你來診療室？那種動力是否能讓你學習，對已經發生的事情有新的了解？

如果有新的了解，這些新了解能夠做為你的新基礎，來處理外面事情嗎？我假設是當你來了診療室，你在外頭的問題，也會呈現在治療關係裡。如果你能夠了解診療室裡，到底此刻正在發生什麼事，如果你對這些有所了解與體會，你將有可能運用這種新了解做為基礎，來解決外頭的問題。

但這只是我的工作假設，是否能讓你了解並接受，這當然還是治療裡待解決的問題。也就是說，依照你的故事內容繼續處理下去前，是否能夠緩和下來，看看眼前正在發生什麼事？如何解釋眼前正發生的事，是個重要的基礎，這好像是一種盤整，而不是無視眼前的困境，仍往前衝卻不知會衝向何方？

如果無法這樣做，就很有可能變成，甚至，就把問題簡化成，我就是給你建議好了，至於你能不能做到，那是你的問題。其實，雖然這種方式更像是面對絕望時，所產生的放棄策略，但是隱藏在看似善意的建議底下。

但是不這麼放棄，就算是配合我提出的工作假設，能夠緩下來，看看眼前正發生的事，也只能說這只是解決問題的一個方向，仍得看你原本潛在的破壞力有多強，心理治療就這樣子，在正向生產力和破壞力之間拉扯，如果往我提的這個方向，當然會有不同問題得面對。

在臨床上可以發現，在解決這些眼前問題的過程，有可能你就學習到其它新的可能性，讓你對原來問題，在不知不覺之間，逐漸多了一些不同的思索角度。這些不同的

思索角度，可能有助於你在診療室外問題的部分解決，臨床經驗是這樣子，但是無法強迫你接受這種可能性，仍需要你親自慢慢經驗。

第十六章
怎麼，又只能二選一？

你愈想愈覺得奇怪與納悶，到底是怎麼回事？是否你無意中流露了什麼話？是否你說錯了什麼話，或者不是錯的話，而是你無意中流露了你自己也不知道的內容？這些內容讓精神科醫師或治療師產生了誤解，誤認了你的問題，不然醫師或治療師除了藥物外，何必多給你一個建議，認為你需要心理治療的建議呢？

也許沒錯，你原本多多少少也有想過，是否自己需要心理治療？

畢竟那只是一閃而過的想法而已，你並沒有那麼肯定啊。這些原本只是模糊的想法，或者只是你從某本雜誌或書籍裡得到的想法，但你可能還覺得那些書裡所說的例子，並沒有跟你的問題完全一樣，或你的有些症狀比對方的例子還要更嚴重，或有些症狀沒有那麼嚴重。

不論那一種，你還是覺得那些是別人身上的故事和處置方式，你還沒有認真的想過你就是那樣子？對，就是那樣子，你只要依那方式被對待就好了，你可能還覺得自己的家庭與成長環境，與那些例子是有所不同，你的情境可能更悲慘，或者某些方面沒那麼悲慘。

　　這些想法都還在你心中翻攪，像海浪，這也是你喜歡海邊看浪的原因之一，在這些猶豫和想像裡，就算你心中真的覺得，是那樣子沒錯，其實你還是希望那裡頭有你自己真正的決定，真正的是你自己的決定。這是你做為自己，做一個獨立的人，那是多麼重要的決定啊。

　　沒想到才見一次或幾次面的陌生人，叫做醫師或治療師的人，竟然這麼輕易，不假思索，很有經驗的樣子說，「你需要心理治療」。天啊，你已經在心中說過無數次了，但沒有其它的比這更讓你震驚和困窘，真的是震驚和困窘，你發現原來這兩種感覺竟然是這麼親近。

　　你該怎麼辦？這可不是雜誌或書上的案例，而是你活生生地被寫進了文字裡了。你完全沒有說不，或說好的機會，甚至這種建議可能來自於你自己，直接或間接地提及心理治療的想法，醫師或治療師只是順勢這麼說。如果是這樣子，那就更痛苦了，因為無法將責任都丟給醫師或治療師。

　　不論如何，你覺得他們是專業人員，他們應該要能夠做判斷啊。不然，怎麼可以自稱是專業人員呢？你可能難以接受自己竟苛責自己或醫師或治療師，這讓你再度陷進了另一種困擾。天啊，你心中再吶喊了一次，這些都是因為你跟醫師說了自己的事後才發生的，你還要這樣子找自己麻煩嗎？你這樣子問著自己。

　　你將會發現我還在想像，到底你怎麼了？尤其是你拿了診斷，藥物，以及一些建議回家後，可能會發生什麼事

呢？可以先假設你回家後的種種反應與想像，跟你原來的問題根本沒有任何關聯，我何必還糾纏這些呢？我可能永遠無法知道，或你可能永遠不會說，或幹嘛說那些心中也覺得無關的事呢？

你回家後的種種反應與想像，跟你原來的問題和困擾，可能有一些潛在的關係嗎？如果我假設是有關係，那麼可能會發生什麼事呢？還是會帶來前述一些新生出來的麻煩，天啊，那是我心中吶喊，可以簡化解讀事情的過程，我偏偏要把事情與觀點弄得更複雜化？

我不免想著，難道我走向這個行業，只是為了找自己麻煩，也同時找別人麻煩嗎？其實，我並沒有完全排除這種可能性，也因為這麼假設讓我覺得更需要謹慎三思，不是將自己可能的主觀，勉強假設成是客觀的，而強加在個案身上。

我的假設讓我遭遇到了難以處理的困境，因為當你回家後，我就無法說明我心中的假設，其實，你目前所遭遇的任何事情，任何感受，任何情緒，都可能與原來的問題有關聯。天啊，你看我又吶喊了，可以想見這個行業的困難，要坐在心理治療者的位置是多麼大的挑戰啊。

我在之前的情況裡，無法一下子說明這麼多，加上又得聽你的描述，雖然我敢保證目前沒有其它行業，比精神分析或精神分析取向心理治療，還更願意花時間聆聽個案說話。（在門診的短時間裡當然無法相比，我當然也做不到。）但是你回去後就完全失控了，我不可能再打電話去

多做說明，雖然也會質疑，真的不可能再電話去多做說明嗎？

　　如果要這麼做，明顯跟精神分析取向的做法與經驗背道而馳，我能夠打破嗎？我需要付出多少代價，甚至覺得難道只為了固守精神分析的規則，而不顧個案嗎？不過，問題可能不會這麼極端化，好像先試著守住一些規則，就是不顧個案？如果是這樣，那就真的太可憐了，只有兩種選擇與做法。

　　對於只有兩種選擇的做法，通常我都是謹慎的，怎麼可能事情會變成只有二選一呢？只有二選一的答案，我常視為等於沒有答案可以選擇。兩個答案一定都是死巷，是否我應該停下來說明，為什麼會這樣想？或者繼續說明我因為擔心你誤解，或者想像你可能已在受苦中，而打電話去了解你的真實情況？

　　天啊，已經第幾次的吶喊了？我還是先選擇等待。

　　因為這種選擇才有辦法讓我跟同事對話，依循某些共同原則下，例如精神分析的理論，我們是在同一個想像的軌道上做事，在以後分享或交流經驗時，能夠相互學習一些治療的經驗。如果精神分析守則先被我當做是戒律來對待與執行，當我這麼決定（其實，很多類似決定同時在進行著。），我好像可以從以前的經驗裡依稀想像，這麼做也要付出代價。

　　因為當我在這些思索後，仍維持著等待的態度，你可能覺得不被關心，甚至還可能有所不滿，為什麼有那麼多

莫名其妙的感覺與想法，竟然都一起出現呢？而且是在醫師建議你要接受心理治療後，這些想法與感覺才突然從你腦海裡冒出來。另外，我必須聲明，我並不認為精神分析理論，要被當做戒律那般，是需要依個案的狀況做為出發。在以後的章節，再慢慢談。

第十七章

再談到底是什麼因素帶來個案的改變？

其實，這仍是一個謎題。

也許有人會很失望，何以精神分析與心理治療存在那麼久了，仍還無法清楚發現與了解，何種因素造成精神分析的過程裡，什麼因素帶來了改變？雖然有一些治療模式宣稱，一些想法可以帶來痊癒，例如，正向思考，或有一些所謂療癒因子的說詞。難道我是故意忽略別人的成就與說法嗎？

我必須說明的是，回到臨床過程來看，目前現有的各式治療模式與說法，的確會造成個案的某些改變，這些改變是誰也無法否認的。但是還是無法解釋何以臨床上，為什麼仍有不少個案無法因相同的治療策略而改變？

因此是不是造成改變是一件事，但另外很重要的是，什麼因素讓某種治療策略造成改變呢？這也是精神分析或心理治療，在科學層面必須加以探索與提出解釋的模式。

這些困惑讓一些治療師仍持續好奇，這到底是怎麼回事？如果臨床現象是這樣子，做為科學者總不能忽視這些臨床事實，而且愈能夠正視臨床事實所呈現的困境，其實愈有可能再觀察與思索，進而發現新的線索與方向。

　　我先回到歷史的發展來想像，在佛洛伊德之前就有催眠式暗示的存在，佛洛伊德因為不滿意催眠術的效能，因而發展出精神分析的模式。經過他一生的實踐和文字的書寫，累積了豐富的後設心理學論述。

　　後來，當佛洛伊德晚年時，思索古典精神分析如何運用於心理治療時，如何將當時每周五次躺椅式的分析經驗和知識，運用於面對面式的心理治療？他提出的「分析的金與建議的銅」模式。

　　這個模式的提出也許意味著，佛洛伊德一輩子的臨床經驗，發現他原先放棄的催眠式的暗示，在臨床上仍應有它的效能，他才會提出這個以精神分析為基礎的暗示模式吧，理應催眠術也有其不可否認的臨床效果。但是他已經不可能再走回老路而是加進精神分析的特色了，而且更重要的不只是思索臨床效果而已，精神分析還有其它價值。

　　但是如果再進一步想，到底建議所帶來的改變，是發生了什麼事呢？只是單純地因個案接納了建議，照著建議做就改變了？事實是如此簡單嗎？個案是真的接受建議了嗎？或者是另有其它因素造成個案改變呢？

　　再次將問題重整一下，如果臨床現象上設定的論點是，個案接受了治療者針對某個問題所提出的建議，只要照著治療師的建議去做，個案然後就改變了？

　　如果回到百年來精神分析的臨床經驗，也不能忽略很多治療師的臨床經驗，發現大部分個案的改變，常是不知何故就改變了，是在後知後覺的情況下，個案驚覺自己好

像有些改變了，治療師也是在不知不覺中，發現個案已經有某些改變的跡象。但是這種發現總是只能在，個案已經改變一陣子之後了。

或者個案說出他改變的因素，是因為治療師說了某句話，但治療師在印象中，卻不曾將個案所說讓他改變的某些話語，納進治療師覺得那句話曾是如此重要的記憶。甚至有時覺得個案所陳述的收穫，和治療師當時所談論的用意，根本是不相同的，不過個案依自己的理解，造成了個案自覺的某些改變。

治療裡我們可能想像是否只是個案任意舉出的例子，藉以說明他自身的某些改變？臨床上，的確常聽見個案很認真地如是說，因為個案的改變很微細，是一步一步慢慢累積的過程，只能在發現有改變後，再回頭尋找改變的緣由。

如前述，這些改變常是個案或治療師在事後才發現，常常不是我們覺得已說了什麼重要的話後，就看見個案明顯的改變。雖然治療者也會希望個案的改變，是在我們親眼所見下的明顯改變。偏偏臨床的事實是個案的改變，常是不自覺的緩慢過程，因此這種臨床現象似乎把所謂「治癒因子」的說法，又推向無知的狀態，我們如何想像這個問題呢？

本文試著提供一些後設心理學的想法。

當克萊因從理論上與臨床上發現，大部分人在生命發展過程裡，大都可以度過她所提出的妄想分裂態式

（paranoid-schizoid position），度過到憂鬱態式
（depressive position）。我稍加說明如下。

克萊因由這些現象推論，在人類生命發展的早期，是否有個創造力的因子存在，在那些狀態裡，由於某種創造力的運作，造成了人類在嬰兒發展過程裡，得以從具有破壞力的妄想分裂態式，發展成具有修復已產生的破壞力的憂鬱態式。克萊因定義的憂鬱態式，不等於一般診斷學裡的憂鬱症。兩者間有某種程度交疊，但是不同的兩種概念，克萊因的概念意指人在發展過程，在潛意識的幻想裡，經由認識到先前對重要客體投射破壞力後，而產生某種不自覺的罪惡感，做為修復以往破壞力的態式。

後來比昂（Bion）表示，精神病（psychoses）個案在精神分析的過程裡，能夠開始談及自己的夢後，才有機會讓個案原本是原始，無法分析，無法被認識了解的素材，因為前述隱然存在的創造力所進行的工作，讓原始不可解的材料變成夢後，就可以被分析而有機會被了解。

因此精神病人有夢出現後，是個重要的跡象，顯示個案在這時候或之前已不自覺發生重要的改變了，讓夢可以在潛意識裡生成，並被當事者記得，以及夢後拿出來討論，然後就有機會被分析和了解。

這意味著夢的生成過程裡，有某些重要的因子在裡頭，讓這種改變得以發生。這些因子是什麼呢？有些精神分析師在自身的理論與臨床經驗上，進一步提出，夢有這種功

能，如果我們想要了解人的改變是怎麼來的，我們要如何著手呢？

我們也許可以再度回到歷史，閱讀與探索佛洛伊德的《夢的解析》，重新閱讀探索他的文本裡，是否有哪些方向可以做為我們進一步了解，何以人會改變的深層心理機制？因為佛洛伊德在《夢的解析》裡，提及不少關於夢的形成機制和條件，因此是否我們對於夢如何形成的機制，有了進一步的了解後，可以由此再去推論與了解，潛意識裡是如何造成人類的改變？

第十八章
再談佛洛伊德所談的節制，可能是什麼？

關於精神分析的技術，很難有一個完整的手冊，來說明什麼時候一定要做什麼？什麼時候一定不能做什麼？雖然在目前的討論裡，大家常會提到治療師如何維持中立的課題，但是中立並不是一種靜態，而是一種具有動力狀態的現象，也就是臨床上治療師常感受到的，治療過程千變萬化的意思。

幾乎難以想像治療是基於一個設定好的內容，照著按部就班的步驟走，其實很難碰到這麼順從的個案。何況如果個案是這麼順從，搞不好這些個案的順從就是問題的所在，這就好像是教育了。教育當然是重要的人生事務，但是精神分析和心理治療是否要和教育有所區隔？

我這些說明好像要說明些什麼，卻可能又把困局和不易了解，又拉得更擴大了。基於臨床的複雜經驗，我們深知並不是簡單明朗，就容易或者可以派得上用場。不過總有一些最基本的想法或依靠吧，是不是有個東西或概念，可以做為治療師在技術或態度上的基本功呢？

先回到精神分析歷史脈絡來談這個命題吧，雖然這種談法並非佛洛伊德一定是對的，但至少有個歷史的基底做為起始點。

　　我們就先假設佛洛伊德基於自身的臨床經驗，加上原本的宗教和文化背景，讓他在發展精神分析的過程裡，很早就淬煉出一個很基本的想法，也就是分析師對於自己的慾望的處理。

　　畢竟在診療室裡，兩個人的私密地點，交流著內心世界時，他在出發前就先設定，分析師或治療師要先對自己的慾望有所了解。不論這是不是容易的課題，至少是這樣子出發了，讓精神分析得以一步一步地往前走。

　　但是他的說法還是令人困惑，到底真正的理由是什麼？讓他覺得分析師要節制自己的慾望，尤其是針對分析師想幫助個案的慾望。做為幫助別人的人，怎麼又被提醒要節制幫助別人的慾望呢？這的確是個奇怪的想法，但他這麼說應有個臨床的理由吧？

　　在分析技術上，先設下一個限制的禁命，分析師要節制自己想幫助個案的慾望，但是這道禁命在執行上，可能遭遇的困局是什麼？

　　這需要更多的說明來想像這是什麼意思，佛洛伊德關切的是，分析師對於自己慾望，要治癒個案，也就是期待個案在被自己治療後會有好的成果，所謂分析師要節制這種慾望，並不是不該有這種慾望，但分析師如果只是將個人的慾望，加在個案身上，分析師就變成個案的精神導師了，好像分析師知道了人生的最後答案，但這不是精神分析的目的。

　　是誰設定了精神分析的目的呢？這還是佛洛伊德，當然也加上後來的跟隨者，目的是如何讓個案依他們自己的方式，經驗和詮釋他們自己是什麼？佛洛伊德因此提出另一個很困難的境界，那是指精神分析師如同鏡子般。但是只要是臨床工作者稍微觀察一下，整個社會裡關於助人行業的種種現象，何以大部分民眾是期待，有人可以指引他們走向某個地方？

　　而且一般人期待指引者必須知道一切事情，包括以前，也包括未來，這種心理需求幾乎是普遍隨處可見。因此當佛洛伊德提出，分析師要節制自己做為治療師的慾望時，顯然是違反了一般的人性，這當然也造成了理解和實踐他的想法的困難。這也可以從後世者從佛洛伊德自己的案例報告裡，很輕易找出他犯了自己設下的規矩的緣由。

　　佛洛伊德在發展理論的過程中，一直在調整自己的想法和做法，但是就發展的歷程來看，也有很基本的人性問題。雖然精神分析一直想要了解人性是什麼？但是如何在想了解的過程裡，又不會被人性常見的情況所淹沒，而看不見自己在觀察什麼？這些困惑都是意味著，需要有個距離來觀察，至於有個距離是什麼意思？如何做才會有個距離出現，讓分析師和治療師能夠看得更清楚呢？

　　學圈內的分析師了解這種困難，後來在二十世紀七十年代後，才有更多論文討論反移情的課題。因此公開的論文焦點，後來逐漸變成探索移情和反移情的互動，相對於原來的描述，個案與鏡子的互動，是有不同的角度了。正

視分析裡反移情對於移情的影響，以及後來如英國精神分析師比昂（Bion）提出，治療者沒有慾望，沒有記憶的狀態。實情當然不可能百分百做到如此境界，但何以仍得提出這些概念做為大家的參考呢？

也許意味著在診療室裡，移情和反移情的互動觀察，那是短兵相接，仍需要另一個戰略做為指導。為了要了解難以言說的內在世界，分析師和治療者需要沒有慾望和沒有記憶做為指導。但是它的目的仍如同佛洛伊德當年所談的鏡子概念，只是在精神分析經過多年發展後，另一種基於更確認移情和反移情的特質後所提出的新名詞。

至於如果放進心理治療的脈絡裡，精神分析取向心理治療的技術，在「分析的金」和「建議的銅」的主要策略下，心理治療師對於移情的詮釋，或必要給與支持，或給與建議等等，我們仍需認識當治療師在執行某項技術，要說些什麼話或保持沈默時，治療師的內在狀態是什麼呢？

例如，治療師欣喜個案的某個話題時，治療師介入時是帶著欣喜為基礎，送出一些話語，目的是讓個案可以往前再多談自己，並經驗自己。治療者不只是說出所謂真的話語，卻只讓個案受傷，讓治療變得難以走下去，變得無法再多說些什麼。

如果是這樣是否意味著，治療師是在展現攻擊，而不是進行必要的詮釋或建議？但是這種欣喜，並不是表面式的便宜貨，而是內心裡實質的喜悅，不必喜形於色卻是內

心的基礎，然後送出一個詮釋賀禮，讓個案可以再往前走，說更多的話語接近自己的心底經驗？

最後兩段只是一種推想，仍需要更多的想像和討論。因為這與佛洛伊德提出的節制，是否違背或者不違背？仍需要探究更多的細節。

第十九章

為了了解，需要什麼治療技術？

如果你一直重複地說，與親人相處的困境，例如，你常常出現某些行為的話，家人就會說，「你就是這樣，根本不用多想，就知道你會這樣子！」

這種形容是了解對方嗎？一般常見的情況大都是認為，這就是了解對方，就像如果有精神科醫師或個案以為有了精神科診斷，就以為是了解個案的問題了，這常招來個案反對，雖然也有個案是硬要有個精神科診斷，硬要往診斷裡跳進去。

這也是一般人認為，人和人之間了解的方式，這種習慣式的以為了解，是基於平時的可預測性，做為了解對方的假設。這種了解也常帶來麻煩和問題，當我給了你一個精神科診斷，你就能接受嗎？或者你接受了，難道你就等於那個診斷嗎？

除了精神科診斷外，做為一個人，你還是什麼呢？不過事情不會這麼單純，我曾試著想指出，你的親人是否可能有其它的面向，可能讓你有不同的了解？你是初步同意，「人是有種種不同的可能性」，這是一種普遍式的說法，沒有指涉任何特定的人，但是只要你再回頭談自己的故事時，你幾乎毫不考慮地就再次認定，對方就是那樣子。

你目前在普遍的知識裡，並無法馬上運用到你周邊特定的個人上。

這是重複，但是這種重複是否有什麼意義呢？這是生活的必需品嗎？或是始終想要拋棄的傢俱，卻又捨不得丟而再撿回家？當然這只是我這時的假設，因為從你的重複裡，我是充滿了不了解何以需要這般重複呢？一定有原因，但是有了這個假設，不保證我馬上就知道這是怎麼回事？就算我不認為我是毫無經驗的治療師。

前面所談的，並非說我們可以預測的了解不是了解，而是如果這種了解在互動上變成困境，反而成為無法解決的死結，那我們能想什麼呢？或者何以會成為死結呢？是否我們另有不了解的地方？但那是什麼呢？如何有機會讓我們了解這些還不了解，或是不夠了解的地方？

就意識層次來說，才有所謂了解對方多少，或了解夠或不夠的「量」的問題；就潛意識來說，只有了解或不了解，沒有了解的「量」的程度問題，但是這些想法如何成為我們相互了解的課題？以及相關技術是什麼呢？

我回到題目所提及的技術問題，如果技術的目的是要有更多的材料出現，來增加我對你的了解。不過回想起來，實情不是那麼容易，因為我好像也重複地處在一種無奈裡，這種無奈好像是重複著，「唉，你怎麼又重複說著相同的事？！」

這讓我感到挫折，甚至後來發覺自己有種「算了吧」的心情，浮現這是治療或分析嗎？還能走下去嗎？是不是

就像你所說的那般，治療能幫忙的很有限，只是你自己不斷地說著自己的故事，我也就沈陷在重複的感覺裡，從起初覺得被你轟炸般，我像是個受害者，但幾次之後，難道我還只是受害者嗎？

我突然覺得無奈與隱約的放棄感，已不再只是受害者，而是我好像變成了加害者，進行著對你無言的攻擊。但是無言與傾聽，卻是如此符合精神分析的基本技術，讓我沈浸在這種感覺裡至少有好幾個月了......

其實，仔細回想你的重複裡，也有一些小小的不同故事，但它們好像是被拋棄的故事，不被重視只是被你隱隱提到，然後就消失在我的耳朵裡。我只重複聽到你其它強烈帶有控訴意味的語句，這些語句的確是重複再重複，加上我隱約的挫折感，讓我的沈默變成了解的停滯。

但我卻覺得我是更了解你的人，你就是這樣的人，「你就是這樣的人」這句話是一種了解或是誤解呢？或是一種不願再了解呢？如果我想要再了解，那麼管道在那裡呢？

是否被你輕輕帶過的那些話題是個窗口，有機會了解每件小故事的背後，其實可能都有一個大故事？這個想法突然讓我看見了一道亮光，我需要克制與消化自己的無奈，從你提及的一些小故事裡再出發，也許你就能夠多說些什麼？畢竟那只是一個機會之窗，只是一種機會能看見你的不同面貌？

我再回到一些後設心理學的討論，也許為了不要變成

治療師在暗示個案（暗示是催眠的技術），治療師所問的材料，是不管重要或不重要的主觀判斷。治療師對於那些微小事件（畢竟，在潛意識沒有大或小，沒有重要或不重要的「量」的課題。），只是適可而止地詢問某些話題，再看看個案能夠談論多少？

當治療師這麼做時，後續的回應完全操在個案，個案會依當時的複雜情況（移情和反移情的交流），做出他的意識和潛意識的回應。這些回應又成為我們後續工作的材料，如果要再回到「對移情做出詮釋」做為技術核心時，適可而止地探尋一些小事件，也許可以說是在維持一種活生生的互動。

只是治療師常常被過度期待，不自覺地要在不夠穩定的基礎上，說出很多好像符合治療的建議，而不是再舖陳情境，讓更多的了解有更多的可能，因而呈現活生生的互動。這裡所謂活生生的互動，仍是精神分析想法下的言語和言語的互動（這需要更多說明），而不是肢體接觸式的互動。

如果能這樣，也許有機會讓治療師能夠在活生生的狀態裡，經驗和消化並建構出一種對於移情的新了解，進而做為詮釋的材料，而不再只是重複地處在無奈的放棄感。

這種消化各式想法的過程，並能夠有機會找出更多不同的想法，也許就是比昂所說的「涵容（containing）」吧。

第二十章
有「誰被誰逼迫」這件事嗎？

你溫和地陳述著你的往事，這些往事糾纏著你的生命，它們是如此地糾纏且讓你不安，甚至困擾著你。你覺得這是你這一輩子所有問題的來源，你這麼說時，顯得如此篤定，好像你已經對自己的情況有答案了。

當我聽到這些說法時，我卻更像是被綁住了，為什麼會這樣子呢？我心中不停地問著自己，這是怎麼回事呢？難道我也要被你的說法綁進你的生命結論裡嗎？如果我的思索只能是這些被綁住的陳述，我能夠幫上你的忙嗎？

我覺得自己需要好好想一下這個現象。

其實你說的是很悲慘的故事，關於童年時代，父親是如何殘忍地虐待媽媽和你，雖然避開了談及細節，但是你冷靜如相片的表情，就展現了你當年到現在都還殘留的畏懼與困惑。

至少這是我聽你說話時的想像，怎麼可能一個小孩面對這種困境時，可以如此篤定和冷靜？這種篤定和冷靜裡，也許還有別的意涵存在著，但是對你來說，在當時怎麼可能想像這些呢？

只是我看著你的整體狀況，這是經過時間的流轉，逐漸融合成現在缺乏表情的反應，你繼續表達著你的好奇，

你說不知道自己是誰，不知道自己的性別傾向，你只敢在別的女人的身體上探索這些疑惑。

但是每次都是失望，不但沒有增加你對別人的了解，甚至讓你更困惑自己是怎樣的人？雖然我也想著，你會多堅持自己說故事的方式，以及說自己的故事時，真的不想做任何改變嗎？

我真的不了解，雖然我只能假設你會願意來求助，應不至於完全沒有意願，重新再看看當年是怎麼回事？

但是我的經驗提醒自己，我好奇時反而要更謹慎，畢竟要如何探索當年的往事呢？依什麼速度來探索？這完全是你的事，我無法幫你做決定，不然反而變成了開快車的危險……

雖然我覺得自己要穩住，在你這殘酷的故事裡，好像你的冷靜對我來說，其實更像是開快車，是這樣嗎？這種想法和現實相對照好像是相反的，好像只是我的不安，這些故事像湧泉那般，我覺得自己被逼得喘不過氣來，但又很好奇你的故事。

如果說我被你誘惑而關注著你的故事，但我卻也同時覺得被逼迫要聽你的故事，細想應不是被逼迫聽你的故事，而是另有故事外的其它感受，一直逼迫著我。這種逼迫我留在你的故事現場，讓我覺得不舒服感，好像連我說的任何話，都不是我自願的，是被你逼出來的。

也許我可以想像這有些像是你提到的童年，你被父親逼迫做些你不願做的事，那是你不願再回頭看的場景，而

我好像變成了童年的你，在當年的現場見證了你的受苦，而且被逼得要說話。目前的治療現場好像也是這樣子，我好像被逼得要看清楚是什麼，並且說些什麼，然後我才會是盡職的治療師。

我再細想，真的是你逼迫我，讓我沈浸在你的童年經驗，在發揮作用而已嗎？是否另有其它因素，例如，我在現場會如何影響你呈現你的故事呢？是否當我意識上覺得你在逼迫我時，其實我真正的心理真實是，我早就離你遠遠的了？

也就是說，當我覺得被你逼迫，是現實層次的合理化感覺，意味著我的被逼迫都是你害的，那麼我就可以遠遠地看著你受苦，因為我深深知道，你那些受苦似乎不是說完故事後，你的問題和受苦就能解決了。

因此你的壓迫是否可能反映的是，我其實在心理上早就離你遠遠的，你也隱約感受到了，你只是不了解我為什麼會這樣子反應呢？一如當年不了解何以父母有時親近，有時遙遠？而你能做的只是再進一步地糾纏他們，卻惹來他們殘忍對待。

至少你的故事是這麼說，這些訊息不是透過故事告訴我，而是早就透過你的行動告訴我，我早就在離你遠遠的距離了，因此在心理真實上，我和你在診療室裡的關係，並不是我自以為的，我是在現場企圖了解這是怎麼回事。也許事情不是這麼單純，到底是誰遠離誰？只是這些想法，讓我除了思索你的問題和起源外，也試著讓我想像我的存

在，到底可能如何影響著你？

這些思索後，我才會再重新看待你的處境，不會只是重複覺得，我被你逼得只能做什麼？而是我能夠再找到其它出路，提供我重新了解這是怎麼回事？

這樣子也許才有機會再思索你的疑惑和好奇，到底你覺得自己是誰？自己的性傾向？這些也許是你被逼得要去接受的情況，但是你說你一直在反抗，尤其是對於權威的反抗，因此也反映著你對於已有的認識，也想要推翻，想要重新認識自己？

但是你是以重複問我答案的方式，好像我有答案，可以直接告訴你，你是誰？你的性別傾向？

當我想到在心理上我被你的故事逼迫時，我可能是遙遠的，這才讓我想到我可能不必馬上給你答案，也可能那不是你要的答案，因為你只是以談出來的問題要拉住我，只要我不要離得那麼遠？這才是你的移情裡的心理真實？

我給自己勇氣，要我認定自己在心理上是遙遠的，雖然我不必馬上對你承認自己的心理真實，但至少我有這種內在的承認時，我已經另外找到了出路。

這樣子，我才能再好好聽你繼續說，而不是覺得只要趕快給你答案，因為現在已有的答案都是太簡便的答案，但那是我目前不想給出的答案，因為經驗上我自知，實質上那些是幫不上忙的答案。如果我硬要給與，會呈現的是更像我屈服於自己的遠離你，而帶來的罪惡感後，以為只要我給了你某些答案，就可以減少我自己的罪惡感。

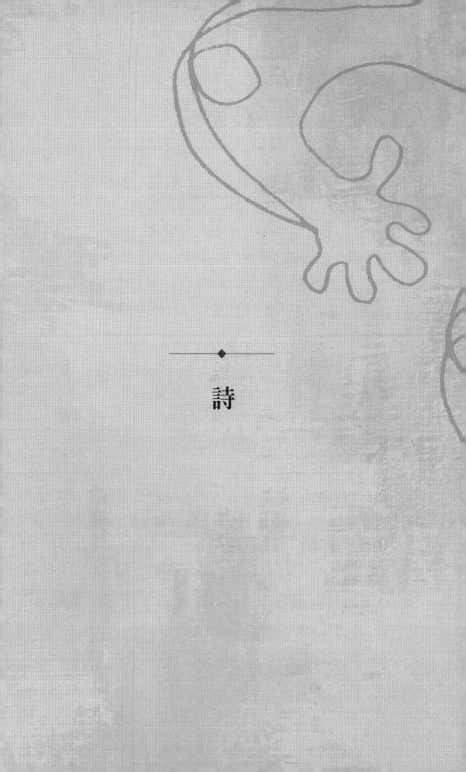

詩

台北的主義（短詩系列）

阿嬤的三顆牙齒組曲 (1)

她是沒有人的阿嬤（啥咪　沒有人）

台北人都是阿嬤的孫子

爲了一口飯（QQ燒燒　有幸福喔）

當年差遣出門冒險

穿越馬路如虎口（小心　小心　生活不是這樣過）

和生活打拼的牙齒

都沒有再回家（喂　你們死去那裡了）

她沿路找尋多年（趕緊死回來喔）

都找不到招呼了

是不是工作地方太黑暗（嘸啦　什麼黑暗　要正向啦）

不是有紅綠燈嗎（阿嬤　你把紅綠燈　當光明燈喔）

爲什麼從此一去不回來（還有天光　再等啦）

有人說時間是笑面虎

有人說它是土匪（阿嬤　現在無土匪了啊）

害阿嬤吃無肉（有人肝愈做愈大　都是吃人的）

她是沒有人的阿嬤

只剩三顆牙齒顧家（兩個恰恰好　三個不嫌多）

人口簡單不需吃太多（不要吃太多　會變胖喔）

這三顆牙齒忠心不二

也看多了世面（來硬　來軟的　都不在眼裡）

總是很有禮貌說話

我吃飽了（至少一定要拍拍肚皮）

雖然胃腸眞粗魯（沒教養喔　是誰家孩子）

不知世情險惡多變化

大聲說恁伯肚子空空（什麼　麥克風沒電池）

阿嬤的三顆牙齒組曲(2)

她是沒有人的阿嬤（啥咪　沒有人）

台北人都是阿嬤的孫子

她僅剩的三顆牙齒

為了守住台北的尊嚴（唉　還好　阿嬤沒有信斗）

唱不出好聽的歌（誠意　比較重要啦）

但每字要有自己的人生

可以守住一個家（既然是阿嬤　應該有自己的家吧）

面對街頭的大車小車（沒看在眼裡啦）

風險和冒犯是東風的事（西風　忙著談戀愛了）

牙床空蕩蕩無法收買人生

只有心底深處的秘密（藏太久　忘了是什麼）

要照顧說不清楚音色的家

但是周遭的口水鹹味

有唐山黑水溝來的帆船（搖來搖去　真夭擺）

阿嬤的三顆牙齒只想躺床

安息大風大浪（嘸代誌啦　阿嬤有見過世面）

她是沒有人的阿嬤（唉　真的嗎）

三顆牙齒守著沒有金銀裝飾的空房

等待流落在外的牙齒回家（厝邊頭尾　也在等你們喔）

她要說出原諒它們的話

已經重複演練二十年了（唉　每年有牙齒逃亡）

阿嬤真歹勢做人不夠好

家裡留不住牙齒（離開時　翅膀都長硬了）

唉既然生下來就是牙齒

註定擠不出感人的眼淚（目屎　是水被潑出的女兒）

阿嬤的三顆牙齒組曲(3)

她是沒有人的阿嬤（這是真的喔）
台北人都是阿嬤的孫子
四處尋找當年失去的牙齒（先要找到影子）
有一顆是被鐵馬撞倒
牙齒就生氣離家了（要有禮貌）
宣稱要坐飛機出國（鐵鳥很厲害喔　飛很遠）
說永遠不原諒阿嬤
有人說可以臉書尋人啓事（這是啥咪　碗糕）
因此臉頰裡（唉　根本沒臉　見祖先）
最好留著空房床位等待

如果尋回失落的過去
阿嬤會用花布包起來（水喔　裡頭放什麼珠寶）
放在左肩胛骨上
穿越三七二十一個紅綠燈（危險喔　要看路啊）
享受遊街被曬黑的樂趣（如果牙齒還在　應該很白）
僅剩的三顆牙齒（嘴巴乾　滿身是汗水）
不負責回收出去的話
她說到做到（不會怪你啦　做多少算多少）
她一定原諒那些牙齒
咀嚼多年離家毫無音訊（難怪一直是飽的）

她是沒有人的阿嬤（唉　不是光榮的事）

尋找一句咒語當撒隆帕斯

右臉頰上張貼公告（白白的　說很多牙疼的話）

召喚牙齒回家的符咒

嘴唇常開著大門（就算什麼都沒了　也要喝西北風）

以免牙齒回不了家（剩下的三顆很死忠　不亂跑）

需要配上笑臉常開花

臉頰守門肌肉才不會提早

將鐵門拉垮下來（悲劇的開始啊）

讓人看不見台北的暗巷（黑讓暗　變得更明亮）

阿嬤的三顆牙齒組曲(4)

她是沒有人的阿嬤（嗯）

台北人都是阿嬤的孫子

請問阿嬤三顆僅存牙齒（多謝　你問得有禮貌）

是否演出前半場喜劇（後半場太悲傷　就算了）

沈默演出故事內容不拘

只有三盞忘情的路燈

尋找沒有地址的家（號碼在市政府公文櫃裡）

不需要有人上舞台（喜劇　不是人人演得來）

也不見觀眾拿出手機

照亮台北小巷暗暗神傷（安睡了　天色這麼暗）

笑聲為了僅有的隱私權

堅持默劇不能咀嚼笑（心中微笑比臉和牙齒微笑更疲累）

不論多少辛酸吞下後

是台北暗巷三號的味道（三　終於是門牌號碼了）

當左側咬合肌決定退休

左側笑容就不見了（笑了一輩了　總會累的）

嘴巴半開等待星星亮光（終於　人生有光）

闖進反映一面鏡子的現實

推動不屬於德國人布萊希特的藝術

喉嚨裡有生氣咬牙切齒（真實人生在辯證自己的戲）

她是沒有人的阿嬤（嗯）

運用三顆牙齒的街頭藝術

穿起寂寞的花色衣服（哇　愈寂寞的花　愈多彩）

尋找槌子打造現實人生（是別人的人生啦）

看戲時日本人鈴木忠志擰著舊皮箱

彎腰走路打掃台北文化的身體

在路人的悲傷裡（睜大眼睛　不要拿錯別人的悲傷　回家）

流著自己的嘆息（嘆息後　吸氣　吸進所有悲傷）

牙齒琺瑯質泛黃的情傷

記錄悲情戰場的三尊紀念碑（牙床曾戰場　是情愛生小牙的地方）

阿嬤的三顆牙齒組曲(5)

她是沒有人的阿嬤（這是啥咪世界）

台北人都是阿嬤的孫子

剩下三顆不願年老的心（堅硬的心　都喜歡沈默）

塞在分散各地的牙齒裡

阿嬤的嘴巴常咬到舌頭

說要好好讀書識字（不識字　人生車站不停車）

以後就可以快樂（當然啊　快樂是重點）

天天吃別人的山珍海味

卻在最後一個字

溜出口水時（海浪和濤聲　總是挑起孤獨感）

尾音突然往地面落

即將橫掃過阿嬤的赤腳（十根腳趾　穩穩紮根在土地）

三顆牙齒嚇得不敢抬起頭（免驚　免驚）

無力再拉拔下垂的胸脯

阿嬤追加說話

但是（一定要有轉折　不能跌倒）

連吃飽都有問題啊

她是沒有人的阿嬤（這是什麼世界）

太陽下山後牙齒開始忙碌

撐起深夜的路燈（什麼　那對戀人已等很久了）

卻無話可說了（戀愛　說不出口的愛啊）

有哪顆牙齒還剩餘零錢嗎

明早起床去上學（整夜嘴巴半開　看著星光）

到牙齒的老人學校

讀兩本書挺起寂寞乳房

再唸四行字來磨昨天的牙（磨出美好時光的咖啡）

阿嬤的三顆牙齒組曲(6)

她是沒有人的阿嬤（真的喔）

台北人都是阿嬤的孫子

阿嬤三顆分散的牙齒

是三個島嶼在政治口水裡浮沈（你相信嗎）

徹底孤獨的星星（是星星的影子啦）

也是三個寂寞王國

張牙卻舞不出爪（有星星影子　就不孤單了）

阿嬤說了一些話

沒有人了解她的深意（不了解　沒關係啦）

曾出現威脅阿嬤的言語

戰場出現在牙床後上角落（反正　就是黑暗的地方）

各方人馬拿著孤獨標語闖進來

搶著站上三顆牙齒

搖旗喊著相同口號（要大家　不要孤獨啦）

這是同情別人（要大家　忘記過去啦）

或悲傷自己呢（要大家　往前看啦）

她是沒有人的阿嬤（已經無話可說）

台北街頭女人衣服裡

緊繃的胸脯（啥咪　要大家　忘記過去）

讓三顆牙齒的童年（啥咪　要大家　往前看）

吊兒啷噹在別人脖子上

盪著施華洛世奇的鞦韆

它們秘密決議只喜歡阿嬤（辛苦了　可以吃晚餐了）

下垂鬆懈的乳房（含淚執意尋找和媽媽切斷的肚臍）

三顆牙齒擁護當年咬著乳房的記憶

咀嚼飯菜時（要小心　政治裡沙石比魯肉多）

再磨練一次往事的辛酸

（2008.12.28初稿）（2015.06.16再修）

太陽花紀念碑的誕生

向

　　巴羅‧聶魯達「一般之歌」

　　西亞‧馬奎斯「獨裁者的秋天」

致上最高敬意

序章

只能一篇一篇，累積，一人一人，堆成太陽花運動

事後，做大人的一起走上街頭

突然警覺，腳底的無力感竟深藏在別人身上，如此許久

1.

黑點和黑點間，只有風吹過

當然還有意圖不明確的手腳，鞦韆在半空中

有人前前後後，尋找自己名字的屁股，貼坐柏油路上

希臘神話的阿基里斯已經錯過了這陣風

是不是再等另一陣風，吹來別人的智慧

先虛擬攻城計畫，約好時間擠兌浪漫

在殘酷和殘酷間，無情和無情間

2.

沿著我走過的路，哪一條是國家的路？

不知道愛意是否已經動身

爲了預知的絕望，仍然在搭訕

對著還沒有被遺忘的，某個念頭

尋找降落土地前的一篇論文

一字一字，說出干擾前額橫紋裡皺起的機密

回答是不是有自己的路

3.

蒼白的霧，就是蒼白的霧

再怎麼用力想，最好趁南風的勢頭

偷襲僅有的無力感，掀開底細

是不是白色，能照映無底洞，一首秋歌失落？

怎麼以前路過的人，搭不起人生舞台？

不過，一場有名字的運動，即將上場了

在白色和白色貼紙間，佈置眼神的悲情

有不被悲情綁住絕望的腳印

4.

誰知道苦澀的掌紋，路盡頭糾葛那場風波

是誰即將拋棄，迷路的時間和臉孔的徬徨

只用意志和理念，在沈默和說話間，推動

一場開花和結果，繫上裙帶關係，整夜辯論

起初失意看不見憔悴，何處將長出走路的種子

5.

愈來愈接近，無奈的生命，一片風聲傳頌疲倦

黑鷹和黑鷹的距離，突然用羽毛呼籲行動

除了飛揚，內心回音從來沒有消失過

吹奏新的後設心理學，暗想霧分子裡幾分蒼白

尋找黑點，看了幾則文字，勇敢挑起一則黑鷹心理學

一直在天空中盤旋，尋找陰鬱降落的地獄

6.

就算曲曲折折，召喚一本自我修行的經典

既然生做一枝花，自然要開成一朵花

鷹和鷹的青島東路是一隻長管銅號，吹奏自己的啓蒙

轉個彎，至少有五十一個故事，擠進濟南路

最困難解釋的風險，棲息在人民議場裡

一朵花如何凋零前，說出動人有力的一把空虛

（全本初稿完成2014.09.08）（2015.06.03再修）

夢從此在佛洛伊德的高帽上炒飯

（大概是詩吧！）

從此我跟夢勢不兩立

夢看管的精子／可以奔跑／成一條美麗銀河／在天空中／
靜靜說／三千光年後的巫婆故事

我的精子／在四又分之三部百科全書裡苟且／卻只會斷尾
求生／道德明顯不夠堅強／倫理厚度也不高／只爲贏在起
跑點

夢捐出的卵子／一度喜歡爬上馬博拉斯山／追逐三群風／
風的裙子裡／裸露它們充滿古希臘文字的乳房

我的卵子／就客氣多了／只要靜靜等待／但是卵子的主人
我／早就不滿意它們／從兩千零五本小說裡找不到理由／
只能靜靜等待

從此我跟夢勢不兩立

夢在記者會上宣稱／夢就是眞正的我

當我跟夢勢不兩立／我就做不了夢／夢卻宣稱做了我／夢做了我／讓我難以呑下這口氣／我是我的自己？／或是我是夢的自己？

從此我跟夢勢不兩立／夢要在佛洛伊德的高帽上炒飯／宣稱要生出三位國王／一位皇后／我堅持／只有精子和卵子／相遇在忘我的河面／一定要忘我／才會有人的誕生

我發誓跟夢勢不兩立／我堅持沒有國王／也沒有皇后／只有赤腳兩隻／一個平凡人／精子和卵子熱戀的成果展／走過黃金稻田／這是我對夢的示威遊行

夢在記者會上宣稱／夢就是眞正的我

一朵花卻在古書上搞曖昧

從此／我跟夢／勢不兩立／躺在一朵花的肚子上／準備自己長大／成難解的詩籤／一朵花卻在古書上搞曖昧／糾纏我寂寞一個夢／說夢是我不枯萎的失落

夢從古書裡／找出一柱清香／挺著水漬模糊的兩個字／一路趕我童年追丟的紅蜻蜓／那朵花是孤單的人嗎／它會悲傷嗎／夢摘那朵花斜插我的嘴巴

再說一次／從此我跟夢勢不兩立／如果夢的說話方式／都有某種意義／說啊／是誰走過一朵花／卻不留下影子／問我醒後無法回答的問題

不是拿來送給情人的花

不論我是否願意／開口說些無聊致詞／歡迎那場不明不白的夢／那瞬間／花是夢是我／雖然只是隱意／我根本就不願意／再當一支花

夢只做自己／但是這朵花／粉紅色來路不明／還很曖昧／不是拿來送給情人的花／怎麼還好意思／叫做花呢

難道羞恥心／被叫做Halu的二葉松／當宵夜後／才開始自己的死／安排喪禮的鐘聲／每兩聲要停下來喘氣／這是夢的勇敢／根本不把我放在眼裡

這一天鐘聲還在趕路

只是／這一天鐘聲還在趕路／半途卻忘記要往那裡去／一朵花跑捷徑來了／為代替另一種思想模式

還有別的花枯萎在半路上／我不知道夢不願讓我看見／或一隻牛也在半途／來不及跑到夢裡

是誰背叛我／一定是夢自作主張／想讓一朵花完成整個夢／枯乾的花甚至連花的名字／都不讓我知道

夢竟然要我同意牛就是鐘聲

夢在牛的背後／抽出一張老相片／陌生人的照片／什麼理由要出現陌生人的相片／夢要我曾經認識這位陌生人

這隻牛準備抗議／爲什麼不是它代表鐘聲／夢竟然要我同意／牛就是鐘聲／敲過三聲後／牛吃著相片的角落

我發現夢的隱意／夢卻轉出一條路／讓我迷路／「因爲」牛堅持不再只是牛／這不是牛的錯／是夢在「因爲」上做手腳／顛倒是非

（2011.05.15全本初稿完稿）（2015.09.28再校稿）

魔神仔在後尾巷對人的演說

（是詩吧，希望是！）

（1）

何況／偷襲過後／不論巡查或警察探訪民情／記錄一隻土黃翅膀的蛾／它堅持性姿勢的自由／來自達爾文偷窺後的公告／贏者全拿天擇／巷底有情侶在對方身上尋找沼澤地帶

他的黑色家族／提供男人或女人陪伴他們／愉快時／嗓音特別大聲／爲了得到一千布袋的尊嚴／裝潢暗巷底脆弱的四腳獸／一隻腳一個名字／熊豹虎象

不在乎／就這樣被接生出來／一隻膽大妄爲的蟲／依照定義是八隻腳／舌頭打著兩隻重疊的蝴蝶結／微笑鮮紅色／招呼晚來的閒言閒語／沾有逾期作廢的精子三隻

（2）

因此／飢餓的愛情／死在一顆早夭的流星後／沒有眼光的黑暗裡／眼神／沒把別人擺在眼中／畢竟／它的祖先／看過太多大場面了／後來／太光明的詛咒／都看不見寂寞的心

既這樣子／何必多說場面話呢？何況／肚臍會告訴它／一定要做個乖孩子嗎？

據說／只有一千個家／知道愛情的科學／還有力氣走到碰壁／被貼在牆上張揚／隨時被風吹走的／一張出租／另有一千個家／還在路上徘徊／思索是否和惡夢交歡／生下一千個舌頭／掛在後窗

（3）

這些家／不是不想來的家／三斑家蚊還在哀悼／痛哭／左邊第二隻腳被折斷了／兩天前／政府的文件裡／一個錯字／叫醒了整條巷子的議論／黑暗的心要上什麼色／才能重逢美麗的風景

有人只要一個家／也有另一個人／只要一個家／還有另一個人／只要一個家／如果有一個家／不論在暗巷／那一段腸子／風景是否還有／別人用剩的美麗？

時間的結構主義／低頭哭訴／左上角一封情書／缺乏精卵的慾望／開始明目張膽／替自己三十年後的幸福／熱熱鬧鬧辦起／百分之九十八等份的喪禮

（4）

家／所在的地方／就有美麗／其實它根本不知道／這句話
躲避自己的肚臍／它以爲家是／有人拜過的／一顆水蜜桃
／不必計較要拜給誰

還有一千個家／看著天空／如果家會飛翔／一定要把它綁
住／綁在那棵古老的茄苳樹／自從茄苳放棄走路後／它聰
明成少話的一柱長香／保佑浪子趕路回家／有十五張嘴巴
的寂寞

不能讓家再飛走了／不然它連愛情的喪禮／都不知道該穿
那一隻鞋子／要不要綁鞋帶／才能踩不到土地／卻有回家
的感覺／等待／從後窗丟出／喜歡咳嗽到吐血的／一朵白
薔薇

（5）

拿著亮麗花傘／有細腰身女人說／我在等你啊／我有抽象
表現主義的幸福／在一顆石頭上／青苔死了三百零二次／
請務必像情人那樣／撐起我的花傘／帶我回家／爲了已經
陌生的一棵樹／黃槿花

細讀寂寞後／第二個逗點開始不安／匆促跳進／第七章第
五行的懷舊情節／時間在鞋底反彈／爲了日落後／額頭上
一顆黑痣裡／半朵雞冠花茫然蒼桑／和土地維持著親切／
那是喪禮後／踩踏短暫的幸福

無限期的「戰後」／心底開始軟化的鐵軌／在古地圖上見
證／兩張嘴唇南來北往咬著白花／互相舉行喪禮後／還有
誰來不及哭／趕緊出來咳嗽兩聲／證明沒有喊出聲的情緒
／永遠不會死

（6）

不幸福也需要化妝吧／用粉妝彩筆規劃／一筆一筆七十年
／有深淺刻痕的陽光／烘焙臉部光明的方程式／是戰後留
下的半首詩／有一滴泛黃淚水／躲在第四個字後做見證

是人生／站在等號的月台／東看西盼／等號左邊／兩把路
旁陽傘等待收起／月台下一隻手伸長舌頭的記憶／兩朵扶
桑花相互牽手／想要穿梭不可跨越的過去

一定有故事被拖累了／拒絕在最後段落／扮演戀人的衣服
／等號右邊只有鴿子肩膀的寬度／等待多年遮掩的辛酸／
操練一個夢／飛來句號前／擠進最後一字的第一筆劃

（2013.08.16初稿）（2015.08.17再修）

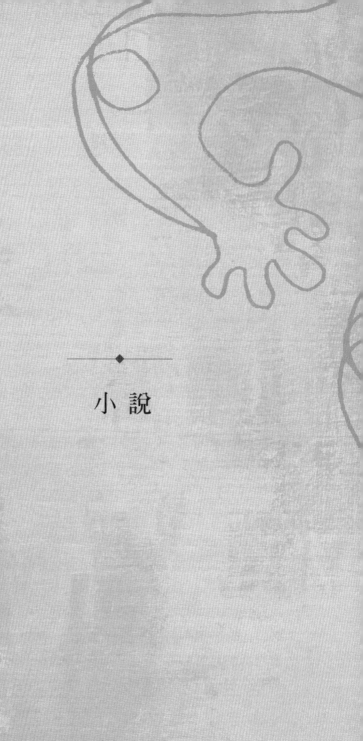

小 說

金手鐲

我自信學習了不少做人的道理，像社會上常聽說的，至少，我還是個有分寸的人，就是我說的做人的基本道理。不是在學校跟老師學的，也不是跟校長學習的，對於我所經歷過的學校教育，我已經懶得說任何話了。

真的，我不想一開始說話就罵人，讓你們覺得我根本是個不明事理的人，何況為了避免等一下我要說的事情失了焦，變得我是在評論學校教育的問題，這當然不是我現在想說的話。我就適可而止，但是你們光由我這三兩句話，就知道我是多麼不爽了。

我先轉個彎吧，反正「人生的轉彎處」是個很好的比喻，雖然難免有些老套，畢竟做我這行也得隨時學習。只要睜開眼睛，四周到處都是可以教我的人，至少我得眼睛放亮些，以免惹來一身麻煩。

我從事這個特殊工作，從年輕到現在，都沒有出過什麼大麻煩，你們就可以想像我是多麼睜開眼睛，隨得學習避開任何麻煩。

但是，有一件事讓我太受苦了，讓我的良心飽受折磨，我因此滿懷著懺悔的心情，向大家告白，我是一個多麼可惡的人。甚至，我不想由你們那裡得到讚許的眼光。如果你們說我誠實，我就想反駁說，我一點也不誠實。

　　如果有人不顧我的反駁，依然還要說我很誠實，我一定會跟對方翻臉。只是這種情形還不曾發生過，雖然我在小學課堂上時常望著窗外的雲朵，想像我會怎麼做，對於那些可能讚許我誠實的人，我最好還是事先有準備，免得回應的亂七八糟，事後就更後悔。

　　我會先板起臉，然後肌肉開始慢慢變形，如何在臉部細微肌肉上加力，讓那種兇悍能夠真的發功？雖然不曾真的派上用場，如果你要推論我做為一個人，這種想像一定要加進我這個人的一生裡。

　　沒有這些想像的我，就絕不是那個我認定的自己。

　　我始終覺得，一般人都看得出我的不誠實，一眼看出賊頭賊腦，懶得對我說一些客氣話了，讓我在我的行業裡顯得特別用功謹慎，因為我的工作一定要讓任何陌生人一眼就覺得，我是個誠實可靠的人。

　　雖然可能就是這樣子。

　　如果我做了一分誠實，一般人就在他們心中，自動免費地替我升級，將那一分擴展成十分，好像我這種人能有一分誠實，就是人類的最大恩典了。我保證，這是我現在才想到的說法，我以前絕對沒有故意運用這種可能性。

　　我深深相信，我的工作能夠持續做下去，是我從小就不信老師教的那些虛假內容。虛假的人生故事，虛假的在地故事，虛假的歷史，以及虛假的地理，我只相信算術是正確的知識。因為一加一若教成等於三，那可是一下子就被拆穿了。

　　我已經用我的一生，驗證了我當年的想法是對的，雖然我根本不知道，當年我為什麼那麼想？或者只是我的腦筋太差了，根本就背不起來歷史知識，五千年對我來說，真的太長了，何況當年我更介意，為什麼我底下那根竟是那麼短？這麼短小的陽具，我根本不想活那麼久。

　　還要背什麼廣九鐵路？從那裡到那裡，要經過那些站名，天啊，我很慶幸當年我根本就不理會它們。沒時間背那些奇怪的地理，何況如果當時有蠢學生認真用紅筆書寫計劃表，要搭那一輛火車到書上寫的地方玩一玩，他一定早就被當做赤色共匪，被抓去槍斃了。

　　或者真的有那種蠢學生被槍斃了，只是沒有公佈吧了。所以，如果你要下結論，我的學業成績一定很濫，那你就下了正確的結論了。

　　你一定想不到我的操行成績都是第四名。因為我的學業成績太濫了，所以操行成績一定不能第一名，這是我的想法，因為班上沒有同學比我更會巴結老師和訓導主任。

　　那位老是喜歡在辦公室裡，透過麥克風，教導我們人生大道理的訓導主任，其實我根本聽不懂他的奇怪腔調。我卻印象深刻地記得，他曾說他來自遙遠的地方，以後還要再回到那個地方。

　　我其實是很感動他所說的這句話，回到原來的地方。

　　但是其它的道理都是假的，我有種特殊才能，可以輕易聽得出來，他根本沒有用感情在說那些人生大道理。

談那些人生道理，卻沒有感情成份，誰會聽那些沒有感情溫度的冷硬道理啊？

你看，我又岔題談這些鳥事了，你看，唉，我是多麼介意當年的事，這些道理既沒有增加我青少年的性能力，也沒有讓我的陽具，變得更有力氣的課程。

我不該只談自己了。今天應該要說的故事，是一位老婦人的故事。一個很可憐的故事，我真的不想只用可憐的故事，來賺起你們的眼淚。

畢竟，你們的眼淚，對我來說，可是一點也沒有用。

說真的，你們真的覺得，當我說完故事，然後你們溫溫地流著眼淚，有什麼用嗎？一點也沒有，我真的，真的一點也不在意你們的眼淚，你們得了解我的行業，你就會知道何以我不在意你們的眼淚？

那天中午，我很早就到一家醫學中心等級的教學醫院，我那天選擇在消化內科門診等候室。我每天輪流在不同的大醫院門診候診區上班，我的工作真的很特殊，專門說服那些有急病或慢性病的人，介紹他們買一些特殊藥物。

但是我對於所賣的藥物根本毫無所知，記得剛開始踏進這行業時，我很認真想了解那些藥物的特性，後來，就漸漸的發現，那不是最重要的事。反正，重點不在於藥效，在於如何當場掌握生病者的心情和感受，才是最重要而且具有決定效果的關鍵。

這絕不是那些高高在上，以為只要開了什麼藥方，病人就會配合的情況，我的工作是完全不同的情況。因為我不是醫師坐在診療椅上說話，因此我要自我訓練，比醫師說得話還有更有魅力。我絕對有充份理由誇口說，我比醫師還要了解病人的病情，以及病人生病時的心情。

有些人很喜歡生病，這花了我至少一年去了解，我也才了解另外有些人對於生病，就好像要他們的命一樣，連小病也是這種感覺，這樣子就變得是大病了。

最好玩但也最殘酷的是，我常年坐在候診區的塑膠椅上，聽各式各樣病人和家屬聊天，大部分病人根本就沒有依照醫師的處方服藥。病人當然不敢真實說出來，病人害怕醫師會生氣，不再幫他掛下次的門診，因此病人寧願說，服藥後的反應不如預期，那樣子，醫師就不會說話太大聲了。病人的聲勢就佔上鋒了，至於為什麼要贏過醫師，要做什麼呢？這是另一個難以了解的問題。

這些病人都會偷偷跟我說，他們只吃了那些藥物，那些不吃，那些只吃了一半量，不過這真的是很複雜的情況。我都會好好觀察他們的表情，好像他們這一輩子就是在準備，要做這件偷偷摸摸的事。而且他們花了一輩子的時間，事先準備相關的技巧。

我相信，他們要騙醫師時的表情和口氣，這絕不是幾天、幾個月就可以辦得到的事。就像我天生一副愛說謊的人，卻得為了說服別人，而練就了真誠說服別人的技倆。

你一定要有耐心，就像等候醫師的門診那樣，你才能
體會到我想說的故事背後，是一件多麼令人感動的故事。

我是第二次遇見那位老婦人。

前一次，大約在二個月前了吧，那次，我坐在她旁邊。
她單獨一人等候看門診，我一眼就覺得她是位孤單的老婦
人。那一次，她的臉皮上掛滿了啞玲，所有的臉部肌肉都
一起往下掉，好像一棟半垮的舊建築。她的沈重呼吸聲，
讓我知道，她還健在，要把人生的所有力氣，都花在呼吸
這件平常事。

那次，我都沒有說話，只是仔細地觀察她，想要從她
的舉動裡，捕捉一些話題後可以貼心地跟她聊天。我要用
心讓她降低心防。但是，唉，怎麼會這樣子？完全超乎我
的意料之外，萬萬沒想到，我只是隨口問了一句話。

「近來，怎麼了？」

（一定要說「近來」，因為我們已經認識很久了。這
不是騙對方，而是我心裡真的感覺，她的樣子是很熟悉的
某種類型。但是我為什麼又覺得，「超乎我的意料之外」？
唉，真得是要活一輩子，學一輩子。）

她就像聽到了什麼偉大的聲音，從上天降下來人間
（偏偏這間醫學中心候診區的天花板，都很靠近壓迫我們
的頭頂。），然後，她開始跟我述說她的生命史。

當我說「萬萬沒想到」，這是多麼需要勇氣，才說得
出口的真話，因為那意味著我對於病人和一般人的了解，
竟然仍是那麼有限。我必須承認，我真的沒有用心聽她在

說些什麼，因為我的入行師父在我初進這行時，告訴我一個很重要的守則。

「不要對病人心軟，不然，你可能成為被騙的受害人。」

這不是很怪嗎？我這麼有經驗了，怎麼可能反而被一些病人騙了？這就反應著，真的是人心似海。反正那天，她就一直說話，還邊說邊哭，說她的大兒子多麼不爭氣，什麼事都不做，偏偏只喜歡去賭博。

她雖然說著傷心的事，但仍很自我節制，顯然是個有教養的人，並沒有驚動周遭的人，控制得她就是只對我說話，不會干擾到別人，這是需要多麼克制的教養啊。

她的大兒子賭贏了錢，就拿出去亂花用，如果賭輸了，賭場的人就會打電話給她，說了一些繞了遠路卻很有禮貌的話，比較起來，這麼說話的傢伙還算是比較專業的人，相對於粗魯開口的人，她還流露稱讚覺得，對方有禮貌比較好。

對方「請」她「務必」（文言文嗎？）在兩天內拿錢（本金加上兩天的利息）來還。（有禮貌是很重要，但是談到錢，唉，就傷感情了。）

然後，對方使用更客氣，更有禮貌的口氣，直接讓話語走進小路暗巷裡，說他們如果沒有按時收到錢，有人（不是賭場的人，因為賭場的人只在意錢，不喜歡血腥，所以對方保證，那是其他比較魯莽的人。）會先把她兒子的左手小指，用快遞寄回去給她。

因為涉及證據和法律問題，對方還要她原諒，他不能用雙掛號寄出，但保證一定會讓她收得到，因為他們也很注重，身體物件寄送過程的安全性。

對方還再三保證（雖然她很感謝對方，給了那麼多保證，她希望對方只說一遍就夠了，她怎麼會記不得呢？），一定將她兒子的左小指切割得很整齊，那樣子應該就不會太痛了。如果她需要用冷凍託運，他們也提供這種個人化的服務，只是要再加上一些額外運費，因為他們都是正正當當的生意人，總不能託運東西又不給運輸公司錢吧。

她一度說得很慶幸。她仔細說明（我甚至懷疑，她是否回去後有寫下筆記？），每次如何向親戚朋友借錢。賭場的人都說，她總是故意在最後關頭才拿錢來還。她絕不能承認，好不容易借到那麼多錢，她當然曾想過，拿著這些借來的錢就跑掉了。

她的心情在要和不要之間搖擺。但是，她心裡放不下先生。

直到最後一刻，她才電話給對方，說要拿錢去還了。幾乎每次替兒子還賭債前，都會經過這段心理的掙扎，好像出門一定會經過的轉角。

對方說，這樣子很耗費他們期待的心，還說這種期待的心很脆弱，可能經不起不小心的一擊。對方還曾警告她，不要到了最後關頭，才拿錢來還，那樣太冒險了，要是他們「不小心在一分鐘前，將你兒子的手指切下來，那怎麼辦？」

如果要他們找人手術，將她兒子的手指接回去，這當然不是太困難，但是他們奉勸她不要那樣子。因為又得多花一筆錢，對她來說，太不划算了。這是他們有禮貌的地方，她甚至還有些得意地說，至目前為止，她從來沒有失誤過，都是在最後一秒鐘完成了任務。

因此她兒子的手，「到現在，都還完整保有手指，連最小手指都還保留著。」

我可以感受到她的驕傲。

畢竟要跟這些人周旋，真的不是容易的事。她說故事時，有時有笑容，有時又是眼淚。這次因為門診叫號鈴響了，出現她的門診掛號號碼。她很快收拾起悲傷，拿起包包，就往診療室裡衝過去，是要進去另一個戰場的戰士，不是來看病的病人。

我還真佩服，她把人生的所有事情，都當做戰場那樣來經營。好像她是「戰場的管理人」，我臨時想到這個名詞，不知道是否貼切？意思是指，她負責佈置戰場，經營戰場，管理戰場，讓該死掉的人死掉，讓該受傷的人受傷，但絕不能濫傷及無辜。

她好像能夠宣稱無辜的人，一根寒毛都不能被碰到。

等到她進去門診後，我楞在候診椅上，過了好一會兒吧，我才突然醒悟過來，我竟忘了要跟她推銷，一種治百病的特效藥。

「難道，我被她推銷了一個感人的故事？嗯，下一次，我要小心一點，不能放進太多個人的情感！！！」我的嘴巴應該有這麼說。

我靜靜坐在我失敗的地方。

為了走下去，我必須服氣，才能好好想一下，到底發生了什麼事？我才能夠從這種經驗裡學習到新的東西，然後繼續走下去。

我竟然覺得，她應該可以來做我這種工作。她可以做得比我更好，但是，我馬上搖搖頭，不能這麼想，不然，我會做不下這個工作。我也知道，我如果搖頭阻止自己想下去，我未來的路，就會更佈滿困難。

我的行業需要對自己誠實，為了我能夠更巧妙地欺騙這些受苦的人，買我的特效藥，尤其是這行業愈來愈難做了。

我幾乎將她忘掉了，至少忘掉百分九十九以上吧。我的工作也需要這麼準確，因為這會影響我的收入，我當然得斤斤計較。

六個月後吧。

我不知道這是怎麼回事。我竟然沒有先觀察病人，再開始我的遊說工作。這是違反我自己的工作準則的反應，事後，讓我開始擔心，我已經被太多不必要的同情心淹沒了？如果這樣，我就不再適合做這個工作了。

我的工作是遊說，就像一些公關公司（這是近年來的新名詞，跟當年的某些包裝紙公司不會差太遠。），幫商人在政府機構裡進行遊說工作。我是單兵作戰，針對的是一個一個病人，一定要每次只針對一位病人，如果貪心，

想要說明一次資料，就有二位、三位病人來買我的特效藥，這麼做時，我一定失敗。

因為可能有位過於熱心的病人，會過度幫忙遊說，反而讓其他病人起疑心。我知道，疑心無所不在，要如何避開那些疑心，是很重要的工作訓練。

這就是人性的謎啊，也可以說就是這個謎，讓我到了可以退休的年紀了，我還熱愛這個工作。對我來說，每天的工作都是一場富有創造力的展演。

這天，我起先就空坐在候診椅上，不知道要做什麼事？我一定中邪了，或是神明上身，不然不會呆坐在候診椅上。直到那位老婦人走過來，主動坐到我旁邊的椅子，當她坐下來的瞬間，我才想起，這個候診室就是我們上次相遇的地方，甚至，我們還各自坐在相同的位置。

這讓我不得不相信，有神明的存在。

如果沒有神明的存在，怎麼可能發生這麼湊巧的事呢？我不太相信湊巧的事，平時也不太相信神明，因為老是聽到有人說，「舉頭三尺有神明」。那可是不得了啊，如果我一直想著這句話，我怎麼有辦法賣我的特效藥呢？

我這麼說，你應該知道，我的遊說工作是多麼特殊的性質吧。如果你還要我再明白說，我可就不願意了。人性是個謎，我也深深希望我的工作也是個謎。畢竟，對於謎，感到興趣，這是任何專業的起始點。

我的工作是針對那些稍有慧根，可以聽得進去我遊說的人，不是要我說得很直接吹噓的人。例如，病人問我，我的藥有多少療效，我當然不會像一般人那樣吹噓，然後舉出一些數字。

我的經驗告訴我，任何數字都經不起人性的考驗。

因為如果病人不相信，就算只有百分之零點一的不相信，這百分之零點一，足足有能力打敗百分之九十九點九。這就是人性之謎，最令我有興趣的地方，因此當病人願意提出問題後，我會開始說明一些病人服用後的種種感覺。重點在於感覺，而不在於對於多少人有用數字。如果有用，一個人曾有用，就夠了。

我不會用一些硬梆梆的數字，來塞住提問人的疑問。我的任何回答，都是要讓病人能夠提出更多的疑問，就這樣子，一來一往，病人的疑問都出爐了，被說出口的疑問，不論有沒有最後正確答案，這已經不重要了。重要的是，疑問能夠說出口，我的特效藥就可以成交了。

畢竟，如果沒有這種想像和疑問的空間，那些只要直接答案的人，就沒有相信我的特效藥的空間啊。

這種相信真的需要一些慧根和想像的空間。

我以為她記得我，這讓我起初有些戒心，怕被她認出來我的身份。後來，我想起上次碰面的細節，當時，我沒有機會自我介紹，因此，她現在可能以為我只是一般病人吧。

　　這次，她坐下來就開始說話，眼睛看著前面牆壁上的看診燈號。這時是阿拉伯數字3。五分鐘後，我才確定她真的是對我說話。她說了一段話後，會暫停下來問我，聽不聽得懂她說的故事？她仍然沒有看向我。起初我大概都聽得懂她想說的話，她是先幫我溫習了上次故事的內容。

　　但是，我必須努力聽出弦外之音。

　　她的大兒子仍然愛賭博，贏了錢就自己花掉，輸了錢，賭場就找她要錢。我感覺到，前輩子人情債的說法，已經慢慢在她的內心深處，一步一步瓦解了。就像那些土角厝的土牆，被風風雨雨一步一步地溶解在時間裡。

　　然後，歷史變了樣，地理也變了樣，就不知道自己是誰了。

　　這是可怕的結果。

　　這次，她加添了較多私密的事。

　　例如，她已經跟大部分親戚都借過錢了，還好她記憶不錯，她不必將跟誰借多少錢，一筆一筆，記在牆上的大日曆本上，她強調那是有台灣水果照片的漂亮日曆。她顯得很得意，強調了至少三次吧，她可以一一背出，她兒子在何年、何月、何日欠賭場多少錢？她向那位親戚借了多少錢？什麼時候，又拿錢去還？

　　她還問我，「你要不要聽我背出這些？」

　　我搖搖頭，天啊，我怎麼聽得下去。為了不傷害她，我還帶有微笑一起奉送給她。她很有禮貌地說，「既然這樣，我就不背了。」

她還問我，「如果你想聽，只要跟我提醒暗示一下，我可以馬上照辦。」

我竟然又忘記自己賣特效藥的工作了，這是我日常收入的唯一來源。我也是有肚子要填飽的人，不然，當她說會照辦我的請求或暗示時，在那當刻，我就應該把握時間，卻又很從容地說明，我賣的特效藥可以治百病，包括，心病。

後來，她說，「你一定要看看，我的金手鐲。」

當年她出嫁時，「阿母，送給我這個金手鐲。」她還記得，媽媽的眼淚慢慢流過臉頰的景象。這時，她也流下眼淚，我幾乎被感動得也想要流淚。不過，我的專業要我忍住。我不是跟她拉感情的，我是個賣特效藥的專業人。

她從肚子的地方拉起她的外套，再右手穿進外套裡，在身體內摸索，取出從身上某部位所放的小袋子，她拿出一個用紅布包起來的東西。

那塊紅布是久遠年代的風華了。她很謹慎小心，將紅布放在她自己的左手掌心，右手將紅布慢慢一角一角掀開，果然有一個金手鐲。那金手鐲的色調有些沈重，帶有年代久遠的氣息，看起來就很有重量的樣子。

她媽媽說，「這是保命符，要到最後關頭，才能使用。」

她已經將累積的老人津貼，和嫁妝的所有小金飾，都賣光花光了。都是拿去還兒子的賭債。她說，「這個金手鐲至少可以值十萬元。」

　　她就要拿去賭場，替兒子還清新的賭債。賭場的人說，要還清舊債，才可能再有新債。天啊，怎麼可能還再有新債。她自然地將金手鐲，放在我手心上，真的很重。

　　我沒想到，她竟然這麼相信我。我很得意，我的專業態度竟然是如此成功。小時候起，大家都說我這個人，只要一眼就可以看出，我是位專門要騙人的人。

　　她說，「你應該摸摸它。」。它真的很重，很寶貴。但是我必須克制，我的心往下沈的沈重感，這不是我該有的沈重人生。

　　金手鐲是她媽媽送給她，她卻要將它送給賭場 替自己的兒子還賭債。

　　她傷心的哭了起來。

　　她真的很傷心，雖然沒有出現一點聲音，但從她胸部不自主的抖動，我可以深深感到，這是很有深度的悲傷，絕對不會只是眼前這些事件所造成的。

　　我也掉下淚來。

　　不過，不是因為她的傷心，而是她竟然這麼相信我這個陌生人，隨意就將她人生最後保命符的金手鐲，交到我的手中。她一點也不怕我會起貪心，拿著金手鐲就跑掉。她一定追不上我，甚至，我可以說這是我的金手鐲，她可能毫無證據證明，這是她的金手鐲。

　　想到這點，我就哭了起來。

　　我也克制著不哭出聲音，如果有聲音，我一定覺得那是我的虛假在作祟。她說，很感謝我的眼淚，這個有重要

意義的金手鐲，要送給賭場的人前，一定要有人用眼淚替它送行。

當年，是她媽媽和她的眼淚，替這個金手鐲送行，現在，她的先生已經不再認識她了，「因此，我一定要找個識貨，誠實人的眼淚。」

她以感謝的口氣，至少說了三次以上，「感謝你的眼淚」。這個說詞是有些怪怪的，不過在這個傷感時候，這個說法是最恰當的也說不定。

我只好極力克制自己的貪念，我甚至覺得，她如果做我這行業，一定是很棒的專業人員。她並沒有馬上要將金手鐲拿回去的動作，我只好繼續將金手鐲放在我的左手掌心上，看著它，卻不要起貪心。

我的貪念竟然變稀薄了。

這讓我再度相信，真的有神明存在，不然不會發生這種事。

畢竟，隨著時代的改變，我這行業愈來愈不容易做了，我也曾想過，該是退休的時候了。只是心有所不甘吧，就這樣持續做下去。

我的貪心竟可以這麼容易節制，這一定有神明存在。

雖然我因此開始擔心，再這樣子下去，以後我可能做不了自己的專業工作了，因為神明是我的專業的死對頭。

我已經無法再假裝，沒有看見神明這件事了。因為神明就在我眼前，就算我用眼淚淹沒視野，它還是在那裡。

天啊，對我來說，這到底是悲劇或喜劇呢？怎麼連我都開始困惑了呢？

她收拾起眼淚說，「其實，我應該是可以有大成就的查某人。」

日治時代，她是台北高女畢業。她說，她的學長有李登輝、辜振甫、邱永漢等等名人。太平洋戰爭後期，雖然有美軍轟炸機的轟炸，同學們的志氣並沒有消失，反而更加堅定。

只可惜她父母是散赤人（窮人），無法讓她去日本進一步讀書研究，「不然，我一定是很有成就的查某人。」她期待自己，在社會是位有成就的女人，這個想法從來不曾消失過。

她很認真的口氣說，「我真的應該是位有成就的查某人。」

她的口氣還停留在當年就讀位於西門町三丁目的台北第三高等女學校，下課時，和同窗在操場說話的口氣吧，就算風揚起一陣沙塵，也擋不住她的豪氣。

雖然我可以聞得出來，經過時間像炸彈的轟炸後，字裡行間冒出的火藥味，要維持這種口氣，需要一些勇氣和毅力。

誰能跟時間比力氣呢？

到現在，「我還保存著兩套郵票，那時候發行的，日本阿蘇山和箱根國家公園的紀念郵票。」她還記得自己的

野心，要做個厲害的女商人。那時候，女人還不太敢這麼想像。

後來，開展她的理想前，卻先嫁給了同村子裡，「一位很誠實且識貨的人」。

識貨，是指她先生知道她是位優秀的女人，但是她先生太老實了，根本不可能讓她去商場闖蕩。何況他也是窮人家出身，根本沒有資本做生意。

然後，孩子就生下來了。

「唉，我根本不該嫁給他。」

生下小孩後，她才眞正想起自己暗戀的另一位愛人，是另一位同班男同學。

有一天下課後，回家途中，經過媽祖廟前，那男同學曾說要追求她。在當時，這可是很勇敢的事了，她更勇敢的反應，「以後，要先在商場打拼，做生意，才是人生目標。」

隔天，那男同學就跟另一位女同學在一起了。

那對男女同學，「他們，現在，可是頂頂有名的人物。」唉，不要提他們的名字比較好。我問，「你頭家好否？」這是我唯一問的話題，聽她說話的態度，我以爲她先生已經過世了，但又不好意思直接這麼問。

她說，她先生是位「誠實且識貨的人」。這是很奇怪的形容，好像她自己就是生意，她說自己，「還活下去，不是爲了囝仔，是爲了他。」

　　這讓我很感動，因為我曾結兩次婚，都是失敗收場，都是女人跑掉了。兩位女人都覺得，我是位無路用的人，她們說我喜歡說謊，我的收入常常以多報少，就被她們抓了包。

　　她說，她的先生已經失智了。他已經不記得她的名字，但還是喜歡跟她在一起，不願意跟別人一起。因此，她也不忍心送他去養老院。畢竟，先生一直很誠實，「一生賺的錢很少，但我們還是掙扎過來了。」

　　萬萬沒有理由，這時候兩人不在一起。她還是說了一句，讓我印象深刻的話，「其實，我根本沒有愛過他。」

　　我不知如何回應，只好裝做鎮定，好像她說的這句話沒有什麼好介意，這根本是很正常的事，就像我兩位太太都曾對他這麼說過。

　　她強調，「在日本時代，我是台北三高女畢業。」很少台灣女孩能做到的成就，當年她還曾被選上登新高山的一員，事前還做了特別訓練。

　　「唉，當年的自由和豪氣，我感覺自己應該更有成就。」

　　沒想到，這一輩子就這樣消失了。

　　「總不能趁他已經這樣子了，才離開他啊。就算要離開他，也要早一點啊。」

　　我的兩位女人可能就是這樣想，才會提早離開我吧。沒想到，我竟是透過這個場合，才重新認識了我的兩位女人。我應該死而無憾了吧，能夠這樣子知道人生的玄理。

　　兩位女人離我而去，讓我不相信有神明，不然，我這麼認真工作，怎麼沒有被看到，被讚許呢？現在，神明又出現了。她是替我帶來神明的老女人，我看著手掌裡的金手鐲，我又掉下眼淚。

　　她應該有看見，我那真誠且傷心的眼淚。

　　這種傷心也帶著一些了解，對我的兩位女人的新了解。她說，「這個金手鐲很珍貴，需要兩個人的眼淚。」

　　我原想問，爲何需要兩個人？覺得是多餘的問題吧，知道了，又能怎麼樣呢？

　　她好像看穿了我的心意。我終於真的相信，她如果好好故生意，一定是位厲害的女商人，一定是會賺大錢的那種女商人。我覺得「真的相信」，是因爲我原先仍有些懷疑她，不然，怎麼會教出兒子是個賭徒呢？

　　我問自己，我做的是什麼工作呢？但是，我還不想太快撞進自己的答案裡。

　　她說，金手鐲的送別，應該是需要她先生和她的眼淚。她先生是很誠實且識貨的男人，但是他已經失智了，無法再流出這種味道的眼淚了。

　　「我一定要對得起媽媽，不能隨隨便便，將金手鐲送出去，它是有紀念價值的東西。」

　　她說，她不遺憾這金手鐲送給賭場老板，那根本是騙人的老板，不過，她早就想開了。她不會後悔，「這個金手鐲要這樣子用掉，因爲人生就是一場賭。」

　　她說了兩次，「人生就是一場賭。」

當年，「我已經輸掉了，早就已經輸掉了。後來的日子，都是多出來的殘忍。」，她也不會責怪兒子，畢竟，她心中一直覺得，兒子是她人生賭場失敗後的產物。

這是個很殘忍的事實，因此這個珍貴的金手鐲，用在兒子的賭博上，是最好的下場吧。這樣子，她也不必再對兒子感到抱歉了。

這個金手鐲，一度要用在她先生住養老院的費用。她慶幸自己沒有送先生去養老院，「這也是我能幫兒子的最後一次了。我已經沒有嫁妝了，也不可能再借到錢了。」

她說，我看起來很誠實，而且是賣特效藥的人，一定是很識貨的人，因此給我看這個金手鐲，做為送別它的方式。她沒想到，我竟然有這麼誠實的眼淚反應，讓她很安慰，覺得自己已經對得起媽媽了。

有兩個識貨的人，一起掉眼淚，替這個金手鐲送行。這時，我才真正地放棄貪念，覺得這隻金手鐲最好的去處，就是那位賭場老板的手中。

她輕輕從我的手掌心裡，拿起這個金手鐲，放回她手掌中的紅布，再折疊那紅布，將金手鐲包起來，再伸手從腰身底下進外套裡，放進她貼身的內袋裡。

她站起來，順手拉拉她的外套，笑著臉，走到椅子旁的走道，深深地看了我一眼，並向我鞠躬九十度。她臉上的皺紋，深刻得可以埋藏，最具有生命也最具有死亡的訊息。

　　鞠躬九十度，對她年邁的身體是有些出力，她有些站不穩，但很快又回復站穩。她向我說了聲，「多謝！」，然後，走到前兩排的候診椅子坐下，等待醫師叫號進入診療室。

　　她是八十九號，她進去後，不到三分鐘，就拿著慢性處方箋出來了。她直接往領藥處的方向走過去。自從她向我鞠躬後，她就沒有再看我一眼，她是這麼自然，一點也不刻意做作，好像我根本不曾存在。

　　我真的存在嗎？有了她向我鞠躬，我才感覺自己真的存在。怎麼會這樣呢，哪，我以前是什麼呢？

　　那天，神明出現後，我就無法工作了。我就一直坐在那裡，直到最後一號，是一百二十五號，門診護士問我，「看診嗎？」，我才恍神地說，「不，不是，我是要看下午的心臟內科診。」

　　門診護士說，「這裡是消化內科喔。」她提醒我，我坐錯地方了，不過我也覺得，我的確需要好好消化一下，到底這是怎麼回事呢？

　　我覺得，從老婦人離開那時候開始，我的心臟就完全停止跳動了。

　　我相信，我已經錯失了一場愛情，一場完全沒有心跳的愛情，已經來不及挽回的愛情。這是神明的禮物，沒想到，我竟然用這樣的方式，再度相信神明的存在。

　　我知道我已經無法再做我原來的工作了。

回家的路上，我突然浮現一個名字，那老婦人曾提到她先生的名字。那個名字，有種熟悉的感覺，好像是當年訓導主任的名字，只是我印象中，他早就不在人世間了。

魔神仔和醜女孩

1.

「死囝仔，你親像一個魔神仔，從日頭出來到下山，都在外頭跑來跑去，你是在做什麼大事業？」

蒼老女人的聲音，已經是祖母等級的聲音，它只能傳至十步路遠，他只要跑離開她十步遠，這個叫喚就只是輕聲細雨的尾音，在炙熱的陽光下，更顯得無力而下垂。就算已走在半路的尾音，突然想要拉抬自己，高八度，但是，一切都來不及了。

他還是個活生生的細漢囝仔，不能讓自己來不及活下去，雖然除了他自己，沒有人知道，他到底在做什麼？

他剛剛花了一番力氣和小聰明，才找了一個禮物，準備要送給她。他一直很得意，還好有一些小聰明，可以讓自己的日子，過得還像個人的樣子。

不然…。

一群小聰明穿著深藍色西裝，打上磚紅領結，排成一長排，沿著細長的窄巷慢慢走著。將近二十個小聰明出門，他們可以存活的秘訣之一是，很謹慎地沿著巷弄的最旁邊走。

　　為了保護自己，小聰明出門時都會帶上面具。他們的面具很特別，上頭是從眉毛以上一公分，下面是到上唇的上緣，左右兩側是眼框外零點五公分，至於從眼睛向下到上唇的線條，則是自己依設計調整。

　　他不太有時間細想，「不然會怎麼樣」的問題，因為小聰明不喜歡這樣子被使用，想太多奇怪的問題，反而會惹火小聰明，讓小聰明變成大聰明，反而會出事。

　　他出門後，沿著長長彎彎的窄巷，慢慢走著，他已經沒有那麼緊張了。

　　他真的很想跟阿嬤說，「我還是喜歡你那放鬆下來找肚臍的乳房。」

　　至於，小聰明面具的顏色，都是單一色系，可以依心情調整今天的顏色。

　　雖然面具的大小有嚴格規定，小聰明不會在面具大小規格上玩弄小聰明，但是顏色的色系和心情的關係，絕對沒有任何一本關於色彩的心理學，可以完整說明顏色和心情的簡單關係。

　　他深深吸了一口氣，半閉著眼睛，冷靜下來，用舌頭在上嘴唇繞了一遍，感覺到上嘴唇附著的空中霉味裡，還

有一些些他分不出來的味道。這些不知名的新味道告訴他，嗯，今天一定又有新女孩子來這裡了，不然，就是某個善變的女孩，又改變她的脂粉味了。

他不喜歡這樣常換脂粉味的女人。

雖是大白天，正午的太陽剛剛走過狹長窄巷的頂端。當太陽跨過窄巷頂端的屋瓦頂後，下一秒鐘，或者第三秒鐘，這條默默低頭的窄巷，就自動自發開始了它的傍晚。為了男人需要在黑暗中的方便，這條長長窄巷，就這麼天然提早它的傍晚。

小聰明覺得那是愚蠢至極的書，但是他們對於別人愚蠢，並不會生氣，也不會動怒，畢竟，已經看過那麼多風風霜霜了，愚蠢總是很可愛而且有型。

因此，在這些窄巷裡，它的時間是這樣子稱呼的，黑夜是最長的熱情生活，因此就是這個地帶的白天。唉，也不必計較是白天或黑夜，這種名稱的無謂爭吵。這些爭吵只是讓肚子閉起眼睛一直打轉，容易像踩著鄉間田埂水車那樣，拼命地踩踏飢餓吧了。

差點被藏匿在胃口轉角處的飢餓，叫了過去而昏頭，還好他即時穩住腳步，不然，被那群翻滾不聽話的飢餓淹沒，接下來的故事就說不下去了。

譬如說，曾經這樣子發生過。

曾經，他的小聰明出門了，要去尋找多年前的愛人，他就被飢餓淹沒了三個白天，害得他那裡也去不了。還好，小聰明還是回來了，他才背著小聰明出去，在附近夜市找些東西吃。

讓黑夜就是黑夜吧。

反正窄巷外的歷史和生活百科全書，都是這麼說，何況，吃飽是多麼重要的事，也不必事事都反對那些綁手綁腳的百科全書。

回到時間的稱呼吧。黑夜之後，是沒有那麼黑的暗了，叫做傍晚，巷子外的百科全書說，這是太陽從東方升起來，氣喘暗淡的白光，隨手攪拌混合了黑暗，激烈的黑，之後，所生出來的第一胎傍晚。

他慢慢走著，不明究理的人一定不知道，他何以走得那麼小心，卻又一副毫不在乎的表情？只是，要不在乎什麼呢？總要有什麼東西，值得要一副不在乎的樣子啊？

何況，那位有大屁股，喜歡穿緊身短褲的女人，他根本懶得多看她一眼。如果他不小心看了第二眼，那一定是他想要幫那位女人，看看是否有陰毛捲起袖子，硬要跑出來控訴這個世界。

小心和不在乎，一個是男人，一個是女人，他們都已經裸露身體了，準備在床上做著以後會生出小孩子的動作。這樣子比喻好了，任何有小聰明的人都知道，小心和不在乎就是這樣子，在這種氣氛裡相互不甘願被交配，卻誕生出來的兩個人。

至於，它們是否同一胎出生，或是不同胎生出來，現在已經難以區分了。因為小心和不在乎，都是最古老的後胚胎學產物，不過，他們的情感一直都還相處得不錯。

2.

原本掛在門口的黃色燈籠，看起來很有節制夾著自己的大腿，因為風吹來時，畢竟看起來還是太招搖了。加上漫漫長夜的黑，被黃光一照就顯得更黑暗了。

隨風招搖，那是它無法自制的，因此都被收藏了起來。後來才覺得，只是擺在倉庫就過於浪費了，被從倉庫再拿出來，用來閱讀巷子裡走來走去的，日常生活的百科全書。

只有拿著這盞黃色小燈籠，才能真正讀得懂，彎曲窄巷的真正心意，與它每天發生的故事，大大小小。

今天，他的小心和不在乎，走在第二個傍晚，那是正午太陽走過窄巷頂端屋頂後，太陽漸漸失去光能，開始有些陽痿後，與黑暗的黑，所交配出來的第二胎。

因此，在這裡，一天的日子，是這樣子過的。

先是漫漫的長黑夜後，第一胎傍晚來了，然後有幾分鐘加上一些偷偷跑來的秒數的白天，然後第二胎，傍晚接著就來了，雖然它總是很不甘願的樣子。第二胎傍晚要回家休息前，有活力的漫漫長夜，就出來打更聲了。

他以前一直以為，小孩都是在黑夜的打更聲裡，開始他這一天的第一口氣。但是他觀察這麼久了，他確信任何時候都有可能開始一口氣。他如何確定這個發現的觀察過程，就足以寫成黑夜版本的百科全書。

燈籠沾有風霜刻劃過的歷史。那是以版畫的豪邁刀工，寫在那幾片有些褪色的淺黃色油紙上。因為有歷史的深度和廣度，就算在暗夜窄巷裡，這燈籠也可以照亮著這本黑暗版百科全書，窺見人性的最深度和廣度。

如果有人覺得這是諷刺的描述，那麼，這個人一定只適合自己手淫，真可憐啊，只能自己手淫。不過，在黃燈籠下閱讀這本百科全書，是不會排斥這個人的。

是誰沒有把大門關好啊？怎麼風從門口吹進來，讓原本平靜的黃色燈籠，又在屋內小房間裡招搖了起來。

誰啊，快把大門關好啊！

但是，他還不認得足夠的字，何況，今天他還另有很重要的事。

他絕口不透露，今天要做什麼。這不是搞神秘，這是他在一天有兩胎傍晚的窄巷，能夠抬頭頂天，生活下去的技巧。沒有人敢保證說，日子一定要很好過啊，只要這樣那樣就可以了。

如果仔細研究，小心和不在乎，在他臉上的比重和深度的分配，可以簡簡單單猜得到，一定有比以前還要更重大的事。

畢竟，他還是小孩子，還無法很道地做到，讓別人無法透過這些表情研究，來解讀他細細長長有屋頂的心意。

這條窄巷和附近巷弄，都是類似的樣子。百年來，經過人性品味多次跌跌撞撞，在鮮血裡，他當然已經多少學習到，可以區分它們躺臥時的不同品味。它們的不同乳房曲度，不同的下體霉味，與不同腋下品牌脂粉味的比例，或者，轉角處苔蘚的位置有所不同。

在女人最被物化的地方，男人只是一條愚蠢的豬。

這些字被某個人寫在牆壁上，是用黑色奇異筆寫上去的。在黑暗的牆上顯露著矛盾吧，因為在黑暗牆上以黑色筆書寫。可是，用奇異筆書寫，又想讓這句話永遠流傳下去。

喔，底下有留言，很小很小的字，一定是膽怯的男人寫的，也是黑色奇異筆，奇怪，什麼時候，流行帶著奇異筆出門？不同筆跡寫著：

這是女人寫的。這是男人寫的。不是，這是女人寫的。才不是，這是男人寫的。

剛剛，就在一秒鐘之前，雖然他已經夠朋友了，他還是差點踢到醉倒在地上的人，還好，他一向小心，他避免製造出吵雜聲音。當別人沒有注意到他，他才是真正的存在。其實，這麼說，就已經表示，他好像正在做著，不讓別人知道他正要做的事。不需要了解大道理，就可以了解這些話了。

他的右腳拇指突然紅腫了起來，好像從地底冒出來的大蚯蚓，發現走錯地方後，拼命想要尋找另一個軟土的地方。

有什麼事，他正在走路，卻不想讓別人知道，他正在走路呢？但他堅持要走在生硬的地方，他不需要讓自己的臉躲藏在軟土裡。

其實，女人的乳房是最柔軟的地方。

他走的這條路，是黑白切的小腸彎彎曲曲，擺在麵攤上等候客人的指點。在小腸暗巷裡，也有女人脂粉味停留在牆壁上，他一點也不介意，走在過路人粗心大意咀嚼過的食物堆裡。

或者，他就是別人啃食咀嚼過的人，他還是細漢囝仔，根本別無其它選擇。

他突然停了下來，看著不遠處的一位女人。他的舌頭從下嘴唇往右捲過，再到上嘴唇往左掃過，他確定是那位女人沒錯，今晚，她依然是相同的脂粉味，他喜歡始終使用相同脂粉的女人。

他把禮物小心地放在背包裡，跟著她後頭走。他知道她是誰嗎？或者，只是湊巧走在後頭，他善意地不想打擾她？

無論如何，是走了一會兒了，這時候，才真正知道，原來他是跟在她的後頭。

他是很小心的囝仔，很不容易被看穿，他在做什麼，

他有什麼心情？但是，他跟在她後頭走，這個鏡頭會出現，顯然地，在調配小心和不在乎之間的比重程度時，他的臉上，還是出現了小小的差錯。

小心，也是歷史上有名人物的後代。

他的祖先曾偷襲日本巡查，也曾偷襲國民政府的警察，因為很小心，因此都不曾被抓過。

何況，偷襲過後，不論巡查或警察來探訪民情，他的黑色家族都會提供女人陪伴他們，而且這些女人都會叫得特別大聲。

不在乎，就是這樣子被生了出來。

因此，不在乎總是一副沒把別人看在眼中，畢竟，它的祖先已經看過太多大場面了。既這樣子，何必多說什麼場面話呢？

3.

他離開她，很遠的距離。她應該不知道，有人跟著她吧。

或者，她可能也是見過世面的人，根本不在乎有人跟在後頭。何況，遠遠看去，她的身材這麼美妙，可能早就習慣，有很多人在後頭跟著她。

現在是學校放暑假的時候，無論在那個角落，就算太陽看不見的地方，都有熱氣不爽地四處咆哮，天氣太熱了。

在窄巷裡，它的白天仍一樣長，也一樣短，不論如何，就算他的右腳長一些些，左腳是剛剛好的長度，但是左右腳都是他的腳，他一點也不會想要拋棄它們。

但是，如何確定，左腳是剛剛好的長度，而不是右腳呢？

太陽走路的速度都是一樣，不論冬天或夏天。為了不讓夏天或冬天抱怨它的偏心，雖然怎麼可能不偏心呢，但是太陽為了做到不偏心，就過著很嚴格的生活。過著，過著，嚴格卻變成了嚴厲，愛找窮人，和需要在太陽下工作的人的麻煩。

就在萬華龍山寺附近的巷子裡，彎彎曲曲，他從來不覺得自己的長短腳，會影響他的走路速度。

他住在其中的一個小巷子裡。

他倒是曾經想過一個問題，到底他的右腳，還是左腳，是正常的長度？他也曾躲在大廟的供桌底下，問過觀音菩薩和天上聖母這個問題，但是他聽不到任何答案。

不論什麼問題，他都是躲在供桌下，偷偷問神明。在那裡，他比較能夠說出真心話。

有一天，他在供桌底下，看見左邊牆壁畫有青龍，右邊有白虎，他自己下了決定，他喜歡青龍，因此決定左腳才是剛剛好的長度。

自從他會自己走路以來，早就看過那隻青龍和白虎了，但是，今天他才狠心下了這個決定，因為這個決定對於右腳，是多麼不公平。他只好顯出更肯定的態度，這讓他興奮得身體往上頂，頭撞到供桌的底部。

「死囝仔，你又躲在供桌下做什麼？」年老廟祝拿著掃把要打他。

幹，真衰啊，今天竟碰到一隻白虎。

一位中年男子走出暗巷房門時的咒罵聲，中年男子邊走邊拉好褲帶。

另一位較年輕男子說，你們怎麼啦，竟然找一位底下都沒有毛的女人，給我老大，你們是故意要觸我老大的霉頭嗎？

「死囝仔，你親像一個魔神仔，從日頭出來到下山，都在外頭跑來跑去，你是在做什麼大事業？」阿嬤在外頭看見他時，都是這樣子質問他。

阿嬤常這麼說他，但是，他從來沒有仔細聽進阿嬤的話。他才不想做什麼大事業啊，以前他常問阿嬤，阿爸到底在那裡啦，阿嬤都說，「你阿爸有大頭病啦，做足大足大的事業，他真忙碌啦，早就不知道他死到那裡去了。」

他真的不喜歡做大事業，不想讓阿嬤罵他，「你也是大頭病，跟你老爸同款，沒出脫啦。」

阿嬤都叫他「魔神仔」，一般路人倒是常常脫口就叫他，「死囝仔」。

　　最近一年以來，這個地方突然之間，變得很有生氣，很多顏色突然從空氣裡冒了出來，真的是從空氣裡冒出來的，在巷子裡飄來飄去。他突然看到愈來愈多年輕女人，裝扮得很貼身的衣服，亮麗的衣服。這些衣服好像是從她們的皮膚長出來的，緊緊服貼在女人的身上。

　　以前，都是有年紀的女人在巷子裡，走來走去。

　　他真的不喜歡，真的，不喜歡那種硬梆梆的乳房，他當然還不能跟阿嬤說，「我還是喜歡你那放鬆下來找肚臍的乳房。」他怕太早說了，阿嬤會拿掃把打他，罵他是沒人要的囡仔。

　　這些色彩和浮在空氣中的氣味，讓他靠著舌頭繞過上嘴唇，來分別這個地方的人事物，已經變得愈來愈困難。這讓他很不安，好像家的味道愈來愈少了。愈來愈多，他不熟悉的味道，闖進來了暗黑的窄巷。

　　他不能再失去這個熟悉的家園了。

　　只有一千個家，還有力氣走到這裡。聽說，另有一千個家，還在路上徘徊。這些家，不是不想來這裡，而是沿途啊，真的有太多美麗的風景了。

　　有人只要一個家。也有另一個人，只要一個家。還有另一個人，只要一個家。如果有一個家，不論它在那裡，風景是否美麗？

只要家所在的地方，就有美麗。

還有一千個家，看著天空，如果家會飛翔，一定要把它綁住，綁在那棵古老的茄苳樹下。

不能讓家再飛走了。

他還在窄巷裡，走在後頭，小心也不在乎地，跟著她。他覺得，她是個移動的家。一個真正的家，以前他堅持，家就是固定不動的。但是跟著她，他才真的發現，家竟然也可以這樣子移動。

「你聽過深紫色唱的煙在水上嗎？」

兩個年輕男人併肩走過，根本沒把他放在眼裡，他只好趕緊閃在一旁，以免被他們弄到自己的背包。

他的背包裡有貴重禮物。

他不了解，他們說的是什麼，深紫色也會唱歌？他只知道有些色瞇瞇的男人，很喜歡唱歌，但是常常很難聽，他們的喉嚨被眼睛的色瞇瞇弄壞了，他常因此很可憐那些女人。但是他並沒有回頭看他們。他忽然了解，那些黃紅綠搭配的女人，走來走去，右手夾著香煙，那是煙在空氣中。

煙在空氣中。

女人是個家啊，深紫色的炊煙，在陽台上唱著深情，召喚男人趕緊回家。

4.

他不想冒險回頭看，任何從身旁走過的男人，以免無緣無故被他們揍了一頓。他相信，男人的背影裡，隱藏著千古的秘密，那是不能被偷看的家。

甚至，面對阿嬤在轉角垃圾堆裡撿來的那面大玻璃鏡子，因為有兩道在底端交叉的裂痕，他更不敢看自己的背影，好像他看了就一定會出事。

記得，有一次，他只是在阿嬤的男人背後，偷偷地狠狠瞪了那男人一眼。他是低著頭做的，也才不過那麼一眼而已，那男人還是把他揍了一頓，責罵他，怎麼可以用那種死囝仔的眼神，瞪眼看他的背部。

那時候，那個男人全身裸露，壓在阿嬤的身上。

「死囝仔，你在偷看什麼，我跟你阿嬤在辦人生的大代誌，你看不懂嗎？」

女人的背部，是完全不同的世界。

「我只是回到家而已啦。」他這樣子回應那個男人。

不過，仔細想想，這句話應該沒有說出口。不然，那天，他不可能那麼輕易地能夠離開他的家，雖然那是自己的家，要留要走，都是自己的家。

他不敢看女人的正前面，除非，他確定，她絕對不會看見他在看她。看女人的正前面，是在欺侮那女人身旁的男人，如果不小心，會被女人旁邊的男人追著打。

「囝仔，你在偷看什麼，我身上有的，你阿母也都有啊，趕緊回去，看你阿母就好了！」

他真的不喜歡，看那些硬梆梆的乳房。他很肯定，那一定會撞傷他的腦袋。除非像大人那樣子，頭殼真正硬了，不然囝仔的頭殼撞到硬梆梆的乳房，一定會腦震盪。

他真的不知道，阿母的乳房到底長得什麼樣子？

其實，不必像他住在這裡這麼久的人，也可以一眼就簡簡單單看出，這些女人的打扮，和只是來這裡逛街買東西的人，是很不同世界的人。尤其是，只要看她們背影的走路方式，他就馬上可以區分，這些女人是否為在地人。

看女人背影來判斷情勢，這是他的舌頭與上下嘴唇，尤其是上嘴唇，合作辨識氣味逐漸失利後，他逐漸發展出來的新能力。因為太複雜的風中脂粉氣味，已經使他無法藉著上嘴唇的氣味殘留，捕捉到周遭的局勢變化了。

這裡愈來愈不是他的家了。

「幹，死囝仔，你在偷看什麼？」

「沒有啦，我只是趕時間啦。」

「死囝仔，時間一大把，你在趕什麼，找死喔？」

時間已經開始明目張膽，替自己的幸福，辦起熱熱鬧鬧的喪禮。

有女人拿著亮麗花傘說，我在等你啊，請務必像情人那樣，撐起我的花傘帶我回家吧。時間在鞋底的反彈聲裡，和土地維持著親切的，一聲兩聲的達的達，那是喪禮後短暫的幸福。

在喪禮後，還有誰來不及哭的？

「你現在什麼都不知道，這世間有多麼險惡，那沒有關係，只要你讀書，讀愈多識字愈多，你就統統知道了。」有次，阿嬤嚴肅對他這麼說。

那是很久以前的事吧，因為阿嬤的男人離開前，對她說，你沒讀書，又不知道衛生，女人不是張開雙腿就好了，還有很多事要學的啊。

阿嬤的男人說話時，他正坐在黑暗的牆角。他只能聽到聲音，男人的聲音很中氣十足，一定具有穿越時間和空間的殺傷力，應該會穿透到阿嬤的內心。阿嬤沒有回嘴說什麼，好像是被突然出現大蟒蛇的門牙嚇著了，事後，阿嬤對他這麼說時，卻一點也沒有被別人說實話的中氣，所打中而內傷的樣子。

他心中是暗暗佩服阿嬤。但是阿嬤說的話，他常常沒聽到。

「這個世間真的很險惡，你要好好讀書，讀書識字以後，你就統統知道了。」

一個月前，一位新來的女人，來到這個廣場，年紀很小吧，他覺得，她看起來只是高中生吧。

其實，一個月前，突然來了一批陌生新女人，在街上走來走去，好像總統府前閱兵場的兵仔那般。

他知道一定是大人們在背後操作後的結果，常常只是刮大風，下大雨的前兆。他不知道這些細節，只能好好盯著這些女人，以免他倒霉，被大人們爭地盤的颱風尾巴掃到。

這些陌生女人走路的時候，都是把屁股挺得高高的，好像那裡是兩座台灣的新高山，在那裡等候登山客，穿著傳統的膠製長雨鞋，踩踏花花綠綠的黃色土地。

他知道，這些新來的女人絕對不是來參拜龍山寺。

「最近，這裡變得很複雜，你的眼睛要背卡金嘿，知道嘛。」

「不要隨便看那些不認識的女人，你知道嘛。」

他常坐在捷運站門口，電動手扶梯昇起的地方，看著人群突然從地底浮出來。好像蟾蜍的長舌頭從喉嚨冒出來後，因為找不著空氣中的小蟲，楞在那裡有三四秒鐘吧。

他已經知道，坐在什麼位置，可以看著人頭的頭頂，從地底下浮現那瞬間，剛好和地面平行。對於這點，他很得意自己的講究和研究。

他覺得，自己應該是個讀書的料子。

只是，剩下三顆分散各地的牙齒，阿嬤的嘴巴常說，要他以後好好讀書識字，以後就可以每天吃山珍海味了。卻又在最後一個字的尾音往地面掉下，即將橫掃過赤腳的茫茫然時，阿嬤又追加說，但是，連吃飽都有問題了，牙齒都沒事做了，那裡還有剩餘的錢去上學，讓牙齒去學校讀書唸字磨牙呢。

阿嬤的三顆分散的牙齒，是三個徹底孤獨的島嶼，也是三個張牙舞爪的寂寞王國。

他不了解阿嬤這麼說的深意。

　　他的舌頭伸出嘴巴外，從下嘴唇左到右，再從上嘴唇右到左，繞過一圈後，他可以從舌頭的氣味猜得出來，那位陌生的她的樣子。她們都穿著花俏衣服，臉上有濃妝，很像穿著高中制服的女學生在逛街。

　　那女人衣服裡，緊繃的乳房，深深吸引著他。這是很不尋常的事，原本，他只喜歡阿嬤那種下垂鬆懈的乳房。下垂尋找肚臍的乳房，才是他深深喜歡的，但是…

　　完了，他真的相信，緊繃的衣服裡有很深很深的陷阱，也有很多互不認識的字，待在那裡納涼吧，像老人們躲在涼亭下，數著走過的人數，數著生命還有多少時間。

　　「魔神仔，你在弄什麼碗糕？」他嚇一跳，原來是阿嬤的聲音。

　　那時候，他正巧看見，那女人從捷運站裡出來，他正起身要跟著她，看她要去那裡？她要做什麼？

　　幸福也需要化妝吧，那是用粉妝彩筆所規劃出來的臉部方程式。是人生，等號左邊是路旁陽傘，遮掩著戀人的扮演者，右邊是鴿子肩膀寬度的道德象徵。

　　這是高度象徵的方程式，計算的是化妝後的幸福，至於化妝前，那很簡單，還不需要方程式來助陣。

5.

　　「沒啦，沒什麼啦。」他趕緊回應，並壓低聲音，很怕她聽到他和阿嬤的說話，並聽出他深藏在舌頭底下的心意。

「你不要騙我。」阿嬤竟然大聲起來。

「我沒有騙你啦。」他從來沒有這麼痛恨阿嬤，雖然以前常覺得阿嬤有時候很白目。

「騙肖仔。」阿嬤更大聲說。

「沒有啦。」他幾乎絕望了，雖然說沒有啦，但是他的心意都已經被阿嬤搬到太陽底下了。

他甚至不想活了，但想到阿嬤還需要他照顧，至少，要照顧到她那三顆牙齒都掉光了。

他生氣地想著，如果三顆牙齒就可以活了，阿嬤以前何必要長滿整個嘴巴的牙齒，常常罵得他想躲進阿嬤的嘴巴裡，卻毫無可以閃躲的地方。

想趕緊閃開阿嬤的糾纏，卻不知何故，阿嬤今天竟一直追問他，好像看穿了他的心意，故意跟他做對。真的讓他很生氣。但是，他知道如果真的生氣了，阿嬤一定會更糾纏追問他，阿嬤就是這樣子的人。

「魔神仔，你的屁股都是我幫你洗的，那裡有幾根毛，我都知道。」

每次只要阿嬤這麼說，他的屁股就會自動夾得很緊，擠得腸子裡的東西，嚇得根本不敢隨便亂動，讓他至少兩天無法大便。

「我屁股沒有毛啊。」

其實，他有摸過自己的屁股，想要找出是否真有毛在那裡，但不曾摸出任何毛。甚至，他曾趁阿嬤不在時，站

上阿嬤那破舊的梳妝台，對著鏡子，脫下內褲到小腿上，看著鏡子裡的屁股，還是沒有任何新發現。

但他卻很失望，好像找不到應該有的東西，不見了，竟然沒有任何毛長在屁股。他想是否被阿嬤偷偷拔掉了？

他從梳妝台上掉下來，因為內褲在小腿，他一時忘了，要移位時被內褲拌到了。他想可能他不應該懷疑阿嬤吧。還好他是猴囝仔，因此耐摔，只在掉落地面前，右手肘碰到椅子，有些紅腫，但是內褲卻被椅子勾破了。

還好，那天晚上，阿嬤心情還不錯，只對他的破內褲說，唉，真歹勢，到現在還讓他穿這麼破的內褲，如果以後賺了更多錢，更有錢了，就可以幫他這個死魔神仔買新的內褲。

阿嬤說，明天，她一定要記得，順道去附近街道巷口，從收集回收舊衣服的大箱子，她可以順手伸進去，拿幾件比較好一點的內褲，還問他，如果有花花的內褲，他要不要？

那時，他都沒有說話。

「你真的以為，你在做什麼，我會不知道嘛。還跟我應嘴應舌。」

「真的沒什麼啦。」他很著急，怕那位剛出站的女人會走掉了。

他平時很少在一次的時間裡，跟阿嬤說這麼多話，他們祖孫之間，可以不必說話，也可以過日子。像家中沒有

什麼家具，就不需要多說什麼話，例如，去把那張桌子擦一擦之類的話。

沒想到，今天，在捷運站出口，阿嬤卻糾纏著他，說了那麼多話。只是每一句話，都不是他想要說的。

真的，每一句，都是被逼出來的話，孤伶伶迷路的話，在大太陽底下，為了找陰影，而閃避路過的青春女子。

「真的，沒有什麼啦。」他只好重複再說一次。

真的，很想搥地板上的花樣石磚，他知道，已經來不及了，真的已經來不及了，只好洩氣地眼睜睜看著地面。

他不能看向那女人，那會導引阿嬤往那方向看，這樣就真洩露了，他心底的最高度秘密。阿嬤不可能幫他處理這件事，甚至會扯他後腿，他只好眼睛一直看地面，以免洩露了天機。

他眼睛睜得很大，每月十五日晚上的月亮吧，但他不敢抬頭，他一定要忍住，不然被阿嬤知道真相後，就真的，沒完沒了。

雖然他很想知道，她剛剛到底拐進那一條巷子？

為了避免洩露秘密，他甚至閉起了眼睛，反正今天看不到他最想看的東西了。還有明天嘛，走向他看不到的地方。

「死囝仔，你嫌我的臉難看喔，眼睛閉得緊緊的，要去找鬼喔！」

他很生氣阿嬤突然來攪局，他決定離開這個戰場，先克制自己，只好淡淡地說：「沒什麼啦，我有事，要先走了。」

這麼說時，他的聲音突然比實際年齡長高了十歲。

如果有一片風，可以輕鬆地走了，兩顆看不見的乳房，卻沈重地拉住了那一片風。不過，風已經累了，不想再飛了。

「死囝仔，你敢說，你在忙什麼？」阿嬤生氣了，他頭也不回地走開。

「整天在外頭扒扒跑，敢說你在忙什麼！」他聽到阿嬤在後頭罵他。

他知道，只要自己不回嘴，阿嬤只是唸唸他，事情就會過去的。阿嬤很看得開，絕不是一個會記仇帶恨的人，不然像她這樣的女人，排隊要欺侮她的人，用好幾輛牛車也載不完。對於當年曾欺侮她的人，她頂多背對著神明，偷偷詛咒對方絕子絕孫，或對方出門會被車子撞死。

她轉身向神明祈求時，她不敢去追究神明，有沒有幫她完成那些詛咒。何況那麼多人，說了後，她自己也記不起來了。

她曾很自豪地說，「如果要記得那麼多八隻腳的仇恨，那麼，人生豈不是早就被這些仇恨的後四隻腳踩踏壓垮了。」

阿嬤這麼說，難得一口氣裡，有那麼多有意義的話，絕不是任意說說而已，她真的做到了，很輕易就做到了。

因爲阿嬤的心有十隻腳，一下子，轉個身，就把那些仇恨丟在後頭了。

把阿嬤拋開後，他走進巷子裡，他不知道那女孩走到那裡了？他就在不同巷子裡找來找去，都沒有再看見她。

他頭垂垂，走回到龍山寺前的大街。

很想詛咒阿嬤，但是他害怕那些詛咒會真的跑出嘴巴，若這樣子失去了阿嬤，他就真的完完全全孤獨了。

這種孤獨，都是沿路大喊大叫，路人卻都聽不懂喊叫的內容。

後來，他雖然生氣阿嬤突然出現，干擾了他今天的快樂。在巷子裡，找來找去時，他的生氣，自然地消失在暗黑裡了。

平時，他如果有不高興的事，只要在巷子裡走來走去，很奇妙的，他的不高興就被巷弄的黑暗吸收了。從他會走路以來，他就相信，黑暗裡有神秘的力量，可以把人生的不愉快吸走，就像是吃粥那樣，那是亮光無法做到的。

6.

他曾因此而懷疑，那些到龍山寺拜拜的人，真的能夠解決，他們心中的陰影和困擾嗎？他有時甚至覺得，他們應該去找他阿嬤，阿嬤絕對會說出一些很有道理的話，讓他們滿意地離開，好像從此人生就不再有難題。

他還是常常去龍山寺拜拜就是了。

他只祈求一個願望，一個他絕對不說出口的願望。每次都是這個願望，他覺得這一輩子，只要那個願望就夠了。他相信，到他死了，他也絕不會說出這個願望。

願望總是長著五條腿，每條腿都有不同名稱的苦難，都想要去朝山拜廟，那是五條腿想要這麼做。願望有苦難抬捧著它，它早就不需要祈求什麼了。

他走到捷運站出口附近。由於有高空遮蔽物，相連接捷運站和旁邊商家屋頂，因此，遮蔽物底下是很清涼的地方，常常有很多人，坐在那一長排的花台前。

他知道，他們坐在那裡，等待七彩的人生，但是，他們什麼也等不到，他就是他們之間的一員，只是他坐不住，阿嬤說他屁股生蟲，他總是在附近巷子裡鑽來鑽去。連麻雀都躲得遠遠的，深怕被他們的等待牽絆住，翅膀就永遠抬不起飛不起來了。

整天坐在那長排花台前的人，最近，變得愈來愈多，讓憂愁長出長長的角，為了頂向那些要趕走他們的人。他不知道這個地方以外的其它地方，到底發生了什麼事？難道，離開這些巷子後，在其它地方，憂愁都無法被掛在牆壁上，都直接悶不吭聲從牆壁掉下來，沾粘在這些外來人的臉上？

去年，他曾像那些人一樣，在那條長長的花台上，坐了好幾個月，至少有三個月以上吧，或者更長的時間。每天，直到夜色很晚，那顆最亮的星星出現了，他才拖著沈重的腳步，回到阿嬤家。

阿嬤住在附近的小巷裡。

他以為借著每天最亮星星的光，看著自己的影子，慢慢走回阿嬤的家，他的阿母才會再出現。

「囝仔，你坐在這裡做什麼？」那時候，常有一些陌生人這麼問他。

「我在等我阿母。」他照實回答，

「你先坐在這裡，阿母會來帶你回家。」這是阿母帶他來這裡的第一天，阿母說的。

阿母離開前，他早就就知道了，阿母一定是在騙他。阿母不會再回來了。他知道阿母在騙他。

從阿母帶他出門，來到這裡前，他就已經看得出來，阿母在騙他。那一天，阿母說話時，她的眼神飄搖，在很遠很遠的地方，以前他不曾覺得，阿母是這麼遙遠，比天上的星星還要遙遠。

他沒有說出來，阿母正在騙他。他還跟阿母點點頭，用力地點頭，跟阿母說，「我會在這裡一直等，等阿母來，我不會亂跑。」

阿母離開的時候，正是大日頭在天空。他坐在那長排花台前，雖然有屋頂遮蔽陽光，那天真的很悶熱，他幾乎

快昏倒了，但是他一定要等待，直到阿母來接他回家。

　　阿母離開前，他已經滿頭汗水了，阿母蹲在他面前，她拿出一條灑有香水的手帕，擦掉他額頭上的汗水。他沒有聞過那種香水味，一定是有男人新送給她的禮物。

　　「我若沒來，要忙別的事，你阿嬤會來帶你回去。」阿母補充說，很淡的口氣，好像不想驚動他。

　　阿母遞給他那條手帕，以及一張寫有不少文字的紙。

　　「太陽下山後，如果我跟阿嬤都沒有來找你，你再自己去找阿嬤，地址在紙條上。」阿母臨走前再說：「我一定會回來帶你回家。」

　　「我不會亂跑！」阿母轉身已經快走過路底了，在轉彎走進另一條路時，他還對阿母說。

　　他知道，阿母一直在騙他。他知道，阿母一定有聽到他說的話。

　　「我不會亂跑！」

　　是啊，年老的女巫，已經不需要再以虛情假意，打造銅綠的鎖匙。歲月箱子裡，塞滿了白色理智，所編織的玫瑰色詛咒。那些詛咒，依然維持著玫瑰色，這是吸取年輕女性的膚色，和折磨童年的夢想，做為苦難聚集的雲霧。

　　這是美麗做作的話語，根本不會懂得，黑暗是苦難者聚集的細長窄巷。

　　平時，爲了避開阿嬤的囉嗦，他就在暗巷裡，繞來繞去，現在，他已經很熟悉這些窄巷了。

　　後來，他找不到那位女人，只好走出那些暗巷，來到有亮光的龍山寺外頭。他看見一位跟他差不多年紀的小女孩，那小女孩跟一位中年男人併坐在一起。

　　他們兩眼無神地看著前方，好像有些事情需要用無神的眼睛看管著，才能等到它們的來到。

　　那位小女孩長得眞的很醜。

　　他相信，不必出力說服別人，全世界的人都會認爲，那小女孩眞的很醜。

　　雖然小時候，阿母都叫他「阿醜仔」，現在阿嬤叫他「魔神仔」。他還是比較喜歡「魔神仔」這個名字，至少聽起來比較神氣。

　　小女孩的左眼好像受傷過，可能已經看不見了吧，只見她用瞇瞇的右眼，不時地張望著，好像也在等待什麼。

　　她穿著春節時才會穿的新衣，一套白色有蓬鬆白紗的套裙。

　　「她看起來，眞的很奇怪。」

　　那位中年男人只偶爾叫她，對她說了些什麼，也許叫她不要心急吧。因爲他看得出，小女孩有時會心急地想要站起來，只要她有起身的細微動作，中年男子即會開口說話，她就放下要起身的動作。

　　他記得，第一天，他和阿母坐捷運來這裡後，阿母先

離開了。他坐著動也不敢動，怕阿母會因他上個廁所就不見了。他一直等到很晚，連廟裡也都沒有人了，那時，一位老人走過來，說她是他的阿嬤。

那時候，他等了很久的阿嬤，終於出現了。

看到阿嬤後，他更確定，阿母在騙他，阿母不會再出現了。

「你怎麼生得這麼醜，坐在那裡，親像魔神仔。」這是阿嬤見他時，所說的第一句話。

後來，阿嬤都叫他「魔神仔」。

看見那位醜女孩，他心中突然又冒出了生氣。

但是，他沒空再看那位醜女孩，他還在生阿嬤的悶氣，阿嬤剛剛突然跑出來，害他現在都找不到那位大乳房的年輕女人。

如果美麗總是拉著憔悴，如果醜陋總是牽扯著陰霾，任何人都需要繞著神秘的階梯，往上走三趟，也往下走三趟。

趁夢想還沒有滅絕前……

7.

在巷子裡，轉來轉去，他找不到那位年輕女人了。

他想到一個方法。

就去躲在那位女人做生意的地方。那條窄巷有一個大花盆，他可以躲在大花盆後頭。他決定這麼做了，說做就做，趕緊再起身，走進暗巷裡。

正要轉入一條可以看見三顆星星的巷子時，他看到那位女人，雖然天色很暗，他可以從黑暗中的剪影，尤其是繃緊的上衣弧度，看得出一定就是那位女人。

他跟隨在那女人後頭，跟了很長的一段路。後來，她停下來和一位男子談話。談好後，她的手牽著那位老男人，要走回她做生意的地方。

原本想走另一條更小的巷路，他可以比她更早到達她的地方。他想要多看她幾眼，因此放棄了這個想法。

他跟隨在他們後面。女人牽著那男子的手，走過了兩條暗巷，走進了她平時做生意的地方。

她拉著男人走進房門後，他很快躲到那巷子裡一個大花盆後頭，坐在那裡，剛好被花盆裡的樹擋住了。他可以透過樹葉縫，看見有人走來走去。

他一直留在那個盆栽後頭。最亮的那顆星星，還沒有走到這條巷子的天空。

那天，他看見她前前後後牽了四位男人，有很老的，有普通老的，只有一位是年輕一點的老人。他怕記錯男人的數字，還用小石頭做記號，刻在花盆的背面。

在黑暗中證實人的勇氣，那需要美麗的城堡，永遠白色的夢幻，不論盲目的後花園，是否曾寄望一棵紫色的大花蔓陀蘿，傳送野地堅定的意志。

他用阿母留給他的手帕，包一個古銅錢，以及一張對折再對折起來的紙。他從作業簿上撕下一頁，寫著：「阿母，我是你的囝仔，我會再來找你。（『會』用注音符號）。」

今天早上起床後，他正在寫這張字條時，阿嬤還說：「魔神仔，今天，你是吃錯什麼藥了，透早你就這麼認真寫字喔。」

「喔。是啊，我在寫字。」他隨便卻肯定地回應。阿嬤不識字，他一點也不擔心阿嬤會知道他在寫什麼？

「你在寫功課？」

「嗯，阿嬤，我真嘸閒，你先不要吵我。」

昨天下午，在龍山寺前，那位獨眼老人在地上攤開一塊深綠色破舊布，擺滿了古銅錢。那位獨眼老人向路人介紹說：「這些古銅錢，有被神明加持過，可以讓人消災解厄。」

趁剛好有四位路人蹲下來看古銅錢時，他也跟著蹲了下來，順手偷了一個古銅錢。他知道那位老人的左眼看不見了，他故意蹲在那攤位的左邊位置。

起先，他不知道拿這枚古銅錢，到底要做什麼呢？後來，他想到了，可以送給這位大乳房的女人。

他躲在暗巷花盆後面，後來，可能有一小段時間，他竟坐著睡覺了吧。可能是昨晚太高興，今天要送這古銅錢給她，昨晚他竟難以睡著，在床上翻來翻去，才不知不覺地睡著了。

「魔神仔，你是在做什麼，翻來翻去，親像一隻蟲仔在等愛人。」昨夜，他好像有聽到和他同睡一床的阿嬤這麼說。

後來，他見她又走出來，跟在一位老男人後頭，天更暗了。他突然覺得好餓。他用力壓住胃以免胃叫出聲音。

等她走遠後，他終於下定決心，一定要進去她的房間。他知道，她只是將房門輕扣，未上鎖。他趕緊起身，兩腿都麻木了，差一點跌倒，他趕緊扶著盆栽裡的樹。他動一動雙腿，然後一柺一柺，跑進她做生意的房間。

他緊張地從背包裡，拿出用手帕包好的古銅錢，和他早上寫的那張紙條。

房間裡，只有一張大床和一小間廁所兼淋浴室。他看了看房間後，決定把手帕擺在她的枕頭底下。臨走前，要出門了，他又趕緊走回床旁，將手帕從枕頭下取出，改放在枕頭旁。

只要她走進房間，就可以看見他送的這個禮物。

他要她在躺下來，和男人做那生意之前，可以先看見他的禮物。不是在和男人做好生意，她才發現這個禮物。

趕緊跑出來，他往龍山寺那邊走去。

他覺得需要陽光。

也許陽光是最荒唐，最容易讓人想入非非的神秘力量。陽光最容易不經意點燃，最抽象的人類行為。

他知道，阿母的乳房，沒有這女人的乳房那麼大。他記得自己小時候，只能吃奶粉，阿母由於營養不良，乳房很瘦乾。

走得有些急，他要回到龍山寺前，找坐在那排花台前的那位醜女孩。

他以慶幸的心情，低聲說，「還好，我沒有長得那麼醜，不然，一定更早就被阿母丟掉了。」

「她那麼醜，一定是被她阿母丟掉的。」

他沿路走帶跑過去寺前的那排花台，已經不見她的蹤影。他急切了起來，又沿著這排長花台，走了一回。花台前的位置，仍是一個人接著一個人併排坐著，他們還是兩眼無神地看見遠方，等待著什麼？

他的兔唇，雖不是大缺口，但一眼就看得出來，露出了左邊一顆門牙的下半部。

「嘴唇那塊肉，是被魔神仔咬走的，是你前世人欠魔神仔的。魔神仔在這輩子現身拿走那塊肉。不然，你可能會有更大的災難。」阿母說。

他剛好出生在農曆七月，一般台灣人說的鬼月。

後來，他有些喪氣了，原本還很高興送古銅錢給那女人，但是這時候，他卻全身乏力。在捷運出口外的平台，他坐了下來，開始思念著那位醜女孩。

他也擔心那位小女孩，只是不太清楚要擔心什麼？

他想著，可惜他已把阿母留下的手帕，送給那位大乳房的女人了。現在他開始後悔了，覺得這條手帕應包個古銅錢，送給這位醜女孩才對。

這樣子，醜女孩的命運會好一些。

雖然，古銅錢可以再去偷一個夢想，那不是難事。但是，他已經沒有力氣，回去拿回那條手帕了。

坐在捷運站出口階梯上，他擔心那位醜女孩。他兩邊的眉毛拼命擠著，要往印堂的地方，這股力氣將他嘴唇上所缺的那塊肉，更拉緊往上吊，牙齒就露得更明顯了。

那顆牙齒把他的擔心阻擋在外頭，讓他就是吞不下這個擔心。

「不知道，她旁邊的查埔人騙了她，離開她後，是誰來接走她了？」

「今晚，她有地方睡覺嗎？」

「唉，她這麼醜，一定是被她的阿母丟掉的。」

「是誰接走她呢？」

他用舌頭繞了上唇一圈，想要找出來，是否那醜女孩的味道還留在附近？

他看到一位全盲的中年男子，在龍山寺的另一邊，吹著薩克斯風，曲調是《思慕的人》。

有看見，思慕的人，站在阮夢中，難分難離，叫我對看你，更加心纏綿，茫茫過日子...

大林蒲與觀音菩薩

1.

　　（真的有《大林蒲》這個地方。但也可說它完全不存在，依照你的眼睛擺在誰那邊。「海岸線是居民集體的情感！」有人強調大林蒲人和海岸的糾纏。長期關注大林蒲環保議題的居民回憶童年：以前，可以在海邊抓魚苗、鰻苗，賺外快，或邊烤地瓜邊欣賞落日；然而，填海造陸後，不再能散步看海，生活離海岸越來越遠，除了害怕汙染物，將順著西南季風回頭侵襲，僅剩的海岸線被貿易港區圍了起來，從日常生活中抽離了。因此，大林蒲又不見了。）

　　昨天中午，他就回到老家高雄大林蒲了。

　　他已經沒有名字了。

　　而且，他常常不安。

　　他的名字像小靜脈裡，回流心臟的紅血球，卡在多脂肪的微血管，他也回不去了。那個他想回去的地方。

　　需要這麼悲哀嗎？看待自己的影子，他不曾自憐，沒有名字的他，是誰在自憐誰呢？

如果用這些疑問句，可以搭建家鄉老家的那面牆，他會親自動手製造更多疑問嗎？

「自溺曾是，也將是，最大的罪，比殺死一條人命，更是罪惡。」這是村裡寡婦抬頭向天時，曾經出現的口語祈禱文。

「回家，找出小學書包，我們一起上學，好不好？」

她堅定地向追求她的同村男人們，說出心中的話。這些男人有的已婚，有的是少男，她對他們都一視同仁。

她不需要背負精神科的瘋狂診斷，那是她心中渴切的希望。何況她這麼說時，總是這麼溫情，除了少男們可能不了解她的意思，其他男人都甘心聽她的話。

那是他在遠方的北部，所聽說的故事。下著毛毛細雨時，這樣的故事就會像桌面上的菌絲，趁機要長出它的後代孢子。但是要撒出很多孢子，讓一小部分孢子能夠生存下去，這是少數求生，也是殘酷；也是多數找死或等死，卻是一種無言。

「你還不趕緊背書包，去上學，」有時他阿爸這麼說，有時是阿母說，「難道，你這輩子就要這樣子，困死在這裡嗎？」

他都是在「難道」這兩個字出現，在風中的臭油味即將到達前，就拿著書包趕緊衝出門了。

他因此幾乎不曾真正聽見，「你這輩子就要這樣子，困死在這裡嗎？」

但是，他是怎麼知道這兩句話呢？

那是被捲成一小片，緊接著另一小片的微弱聲音，組合成門口的鐵捲門，想要阻絕風中傳來神秘的呼喚。那種呼喚裡，總是帶著威脅的味道。

「話只聽了一半，就背書包出門，怎能了解最後兩句話呢？」

這是衝得太快了吧，很多年後，有次回老家和同年玩伴喝酒時，他的朋友這麼說。

那個童年玩伴，也叫做「他」就好了。唉，已經過了再三計較，他是什麼名字的時候了，不是嗎？

「這是虛假的命題…」是誰在問誰呢？

　　一群穿著全新工作服的男人，突然從遠方街道轉身出來。頭戴著全新的白色工作帽，列隊整齊，從這排販厝那一端，走到這一端。

那排販厝一致地，貼著小塊的黃色磁磚。很容易看得出來，那是超過四十年以上，早已褪色的小方塊磁磚。

那群男人走到這端後，隊伍依然整齊，轉後回頭。要再走回遠方的那一端。他們的工作服已經沾染了油污，一塊又一塊，也是很整齊排列。

「一定要記得，找個時間，回去鳳山龍山寺。」

他提醒自己，在那裡，有個故事曾經發生過，後來，這個故事，卻變成了現在進行中。

他當然想要知道，這是怎麼回事？

並不是文法課程裡，開口說著時態變化的女老師，物換後，在星移和星移之間，企圖看見她隱隱的私密。

這跟女老師無關，女老師只是一個比喻，就像他只是他，名字早就是多餘的。除了政治和經濟，是個例外，還需要更多有名有姓的人。

「他根本是個偏激傢伙，人生失敗了，還怪東怪西，要活下去，就拿出真本事啊。」

他甚至常常擔心，周遭的同事這麼描述他。 這只會讓他更沈默。

「你還不趕緊背書包，去上學，難道，你這輩子就要這樣子，困死在這裡嗎？」

他也曾想過，如果當年，他慢慢地傾聽，阿爸和阿母的整句話，是否一切都會變得不一樣。

他的過去，還隱身在千里眼舉起的右手，手指和手指之間的縫細裡。

很小的時候，他的朋友曾經趁廟方人員沒注意時，躲到千里眼背後一整天，想要看看能夠看到什麼？後來，忍不住尿水在神像後頭，臭氣慢慢跑出來。

「未來運勢會怎樣？」

他的朋友不小心，差點把千里眼推倒了，廟公拿了掃把敲了他的後小腿，他差點跑不了。

他跟朋友一起衝出了廟門，那時候，他只是在一旁，靜靜地看著觀音菩薩。他卻跟著朋友一起跑了出來。

　　兩天後，他的朋友卻被鄰居的小發財車，意外撞斷了兩根左肋骨。

　　「實在真可憐，已經沒父沒母了，還被不小心撞成這樣子。」

　　就像可憐人的故事，他的朋友沒有自己的命運，只是重複別的可憐人的命運。但是，他的朋友沒有掉淚，也來不及悲傷。

2.

　　可憐的落葉緊貼著可憐的人心，搭配著磚塊和水泥，建造出用筆紙寫成的歷史。

　　那本歷史曾試圖聯絡一本地理，說好要一起上街頭抗議。最後，那本地理臨時缺席了，因為當天它走不出，已經被規劃好的地圖界線。

　　他的朋友受傷後，得到了別人關愛的眼神，他卻必須趕緊收拾打包心情，免得被莫名的心情淹沒。

　　心情是另一本書，他的朋友不敢拿起玉兔牌原子筆，黃色筆身、藍色筆頭，做任何批註添寫，怕把未來的幸福，幾筆後寫出悲哀而讓幸福不見了。只因為那是太幸福的事了，他的朋友擔心，是否會因此被幸福壓垮右肋骨。

　　他的朋友熟悉那種眼神。最近的最後一次，是當年，

他朋友的父母，在那天出了意外，都死去了。

那時候，用「意外」來說明，對於村人是最妥善的說法，也是最不會同時帶來後續的白派和黑派的聯合傷害。黑派走在路上時比較明顯，三三兩兩地往前走，腳底下都寫了「黑」這個字。走路姿勢像是剛發芽的春樹，其實，那些乞桃仔是很吵雜的沈默。

白派通常不會走在太陽底下，走出來時，也是一個接一個，卻好像都是不相干的人。其實，他們的紙和筆很沈默，但很吵雜，需要門路才能知道他們真正想的是什麼。

那時候，他的朋友年紀還很小，使用了堅強的眼神，那是跟鄰居借來的眼神，是鄰人來不及註冊商標的眼神，在肋骨之間，搭建了過去和未來的橋樑。

「只有意外，被油氣臭死的，那有人被撞死。」

他的朋友年紀這麼小，在病床上，竟然講得出這麼深富哲理的話。這是幾天後，他從另一個他那裡聽到的話。但是，這句童言稚語得罪太多人了。

到現在，他才真正了解這句話。

他的朋友卻始終沒有等到，千里眼的眼神。關於這點，他的朋友在多年後，仍是這麼確定，千里眼的眼神還沒有輪到看他。也許是當年，他躲在千里眼背後，觀看人生太久，忍不住在千里眼背後撒尿的報應。

「還有，放棄等待。」他的朋友可能說得太小聲了，連順風耳都沒有聽到。或者，心太急了，沒有報上自己的名字，讓他朋友的話語變成只是喉嚨很生疏的發音。

「沒有人需要名字，名字是多餘的，也成就不了狀元了。」

如果臭油氣隨風意外飄散，帶來肺泡和肺泡之間，渴望新鮮空氣的掙扎和呻吟。那時，需要排隊，領取補助自己時被呼喚的名字。

「唉，平平都是一條命，怎麼活成這樣子！」

死掉的人照理不需要名字了。雖然小時候，如果誰說出去，誰是誰的孫子，村人就會禮讓那個誰先上廁所。

因為那個「誰」是真正有名字的人，或是有名字的真正的人。就算那個誰已經過世多年了，只要和誰同一世代的人還活著，就還會有這種剩餘威力。

「唉，現在只有在排隊，等別人叫名字，領取補助金時，大家才會很緊密地，在名字的聲音出現後，馬上替那個聲音的尾巴，附和上去抓住那個自己。」這應該不是被說出來的話。

村廟的奉獻牆壁上，刻了不少名字，卻不曾刻上他的名字。

已經無法區分，是刻意遠離它，或是，就算他在台北，還是太近了，近鄉總是情怯吧。

他每次回家鄉，都會去鳳林宮上香。他父母的名字，仍還在廟裡的奉獻牆上。原本金色的小字樣，愈來愈濛上一層又一層的灰色。

「幹，怎麼擦也擦不乾淨。」

「愈來愈少燒香的人了，這些名字卻愈來愈黑，都是外頭吹來的黑煙。」

「是啊，你看，牆壁上的人多可憐。」

「是啊，整天二十四小時貼在這裡，無法閃避臭油氣。」

「還無法申請領取任何補助。」

說話的幾個人是這麼結束話題的，他們最後的乾笑聲，引來了三個村人的咳嗽不停。

村人離開後，空洞的咳嗽聲，還在鳳林宮裡迴響著。

另一些村人來時，可以從空氣中咳嗽的迴響裡，聽得出那是誰的咳嗽。因為咳嗽聲裡，還有一股沒有說出口的，不同頻道的多重怨氣。

「知道是誰的咳嗽，又能怎麼樣？」

「是啊，又能怎麼樣？」

「少年仔，你說，能夠怎麼樣嗎？」

沒有人願意有這種無法克制的咳嗽，還要同時把一輩子說不出來，也找不到名稱的怨氣，一股子全部把它們咳嗽出來。

但是，咳出來後，只有從牆壁傳回來的孤單迴響，就算迴聲的路途裡，刻意變成多重的聲音，相疊在一起迴響，還是聽得出來是很薄弱的咳嗽聲。活著的人，已經不知道如何相互安慰了。

3.

「少年仔，嘴巴是用來吃飯和吐怨氣用的。」

「你說，是不是這樣子！」

「有誰想要用咳的，咳出怨氣呢？」

「嘴巴是用來說話的，肺部是用來吸空氣的，你說對不對！」

「肺部會說話嘛！」

被刻在牆壁上的人名，都已經知道，這是怎麼回事了，卻莫可奈何。至於，還活著的人，至少還能咳嗽。

「你想想看，少年仔，不會說話的肺部，累積了那麼多臭油氣。」

「誰會替肺部說話呢？」

在功名和歡笑的路上，就算他捧著詩人波特萊爾的憂愁，硬要往自己臉上張貼，也不符合眼角和嘴角之間的紋路。

他從來不必遠離喧嘩。何況搬來台北工作，這麼多年了，吵鬧自然一直跟隨著他。從他的少年仔面具，吵到他的中年人面具。

他覺得，自己是帶著面具，回到老家。那是以微薄殘存的一片尊嚴，打造而成的通俗面具。

只能確定的是，他每次回到老家，都是不一樣的面具。他隨身帶著自己的秘方，從波特萊爾那裡偷取，一些幸福和蜷曲閉鎖。

今天中午，從高雄車站，坐上國光客運後，他很疲累，一上車就睡著了。其實，他並沒有睡得很好。

一個夢吵醒了他。

夢醒後，那瞬間，他發現了，他一直很瞧不起自己。他受困在這個發現裡，像小貓把玩著新捕到的玩具麻雀。

或者說，他需要一個東西，使自己清醒過來。

夢順勢充當了這個角色，他卻覺得，是夢自己要醒過來，他原本想一路安睡回到台北。

他不是要對那個夢，開展理論的解釋，但是這夢干擾著他的情緒。他望著窗外一閃而過的風景。高速公路的景緻並非不熟悉，但，今天就是怪怪的。

還能說什麼？車窗上，模糊反映著一把長手杖，杖頂上有一個松果和一束葡萄葉。他用手抹抹車窗上的霧氣，手杖就不見了。

他是貿易公司開發部門的經理，但是，這趟回家，他並沒有如平常上班那樣西裝領帶。

平時，如果他依循著那些怪怪的感覺，加以探索和想像，他就可能找到新的想法，這是他辛勤工作之外，能夠坐上部門經理的秘方。

他今天卻什麼也不要多想了，這個夢竟在他醒來後，就消失不見了。它真的完全消失不見了。

「好像什麼都沒有了。連夢也沒有了。」

他是回去老家，參加一場喪禮，他從小就暗戀的女同學的喪禮。他這時更確定，那位女同學是他一直暗戀的對象。

這幾天都是臉向著大太陽的日子。

「這是愛嗎？」

他從小就暗戀她，從來不曾消失過的暗戀。甚至有些驕傲，他可以這般持續愛戀著一個人。

但是，他卻住得離她遠遠的。從南到北，是台灣島嶼的最長距離。

「幹，都是這些臭空氣害得啦。」

「住在這裡，沒有夭壽，就算是天公有保佑了。」

「唉，現在說這些，有什麼用呢，人都死了。」

「人都死了，就算再夢見她，唉，有什麼用呢！」

「這樣的人生，有什麼意義呢！」

她家斑駁的鐵窗上，有一隻卡其色翅膀，帶著兩個小黑點的蛾。那隻蛾不停地拍打著翅膀，它沒有再飛起，也還沒有死掉。

意義只是人生裡，用多少斤兩的膽量，看著一隻蛾，它的翅膀愈來愈乏力。然後，人生還有多少氣魄，對著自己說，就是這樣子，不論死或活？

他已經想不起來，從什麼開始，他發現自己暗戀著她。他甚至認為他暗戀她，一定比他知道前更早就存在了。她也不需要名字了，何況，她真的死了，更不需要名字了。

他堅持不必說出她的名字了。

「生得這麼美，就因為住在這裡，落得這款下場。」

「不要再這樣說了，也給她家裡的老人家，留點餘地。」

「老的還在，你們這麼說，親像在責怪她的兩個老的。」

他當然知道，他們在爭論什麼。其中有二位，是他小學時的競爭者，他們都同時暗自喜歡她。他相信，跟其他同學比起來，他一定比較早喜歡她，一定在他知道前，他就暗暗喜歡她了。

三人都暗戀她，很容易就會互相發現這件事。

三人在競爭之間，就這樣子了，始終相互留著一些餘地。起初餘地很小，會借機欺侮對方，後來，餘地愈來愈大，卻是因為愈來愈遙遠了。

小學校園裡，大操場旁，那棵鳳凰樹，愈來愈高了，它一直張開冷靜的眼睛。每年一度，它使用紅色的花，做為障眼法。

離別的眼淚，只是紅花一時的激情，為了轉折不可磨滅的苦難。

尤其在清晨，濃霧罩住整個村子時，他們知道，即將有大太陽的一天需要躲閃。但是，苦難，誰也無法避開。

「這是愛嗎？」其實，他一直是懷疑的。

「這種愛，未免太便宜行事了，讓電視連續劇去編就好了！」

4.

記住她,是不需要名字的。

他從來不是記得她的名字,而是記得她消瘦的身材,還有難以忘記的臉孔。

國中時,他曾偷偷想著她的臉,然後手淫,然後自責。重複手淫,重複自責,後來他發現,如果沒有自責,他幾乎就無法想著她來手淫。

後來,他知道那是青少年的正常反應。不過,他真的一點也不稀罕這個新知識。

對於「正常反應」的說法,他只有一個字回應,「幹」。他倒不曾說出這個字。

「為什麼不能有自責呢?」

他們通知他回來。今天早上是她的喪禮告別式。他提前一天請假回家,他們可以在喪禮的前一晚聚一聚,喝喝小酒。

他父母都不在了。

他父母從小在大林蒲長大,自從中油、中鋼和台電等工廠,日夜上工,讓這個被工業區包圍的土地,日夜呼吸著臭油味。

昨夜,他們在一家黑白切的小店,喝著台灣啤酒。那是他們以前常來的小攤,這裡是他們唯一的紀念碑。

每一口酒,都銘刻著一個紀念文字。好像寫著,「終於到了」,只是,到了那裡呢?

　　老家是愈來愈陌生的地方，每次招手時，總是楞了一下，它才點頭回應，它真的老了吧。

　　如果有人搖它一下，它只能先拉起半個微笑起身招呼，那是基於它年輕時代的禮貌。至於，整個微笑就要再多等一會兒，畢竟，風霜是沈重的玩笑。

　　「你知道，她過得多麼可憐啊，人這麼美，卻落得這種下場。」

　　「為了老父和老母啊，她堅持不離開這裡。」

　　「有人笑他們，就為了這麼一點點的補助費。」

　　「唉，這款的補助費真夭壽啊，分裂了大家。唉。」

　　他知道，實情比這些說法還要更複雜。

　　千里眼看見了生活的哲學家和詩人，他靠著村人投射的複雜精神做為糧食。

　　所有的憂慮，都站上了廟前的戲台，卻只見零零星星的空洞眼神。如果還是只能要求弱者的牙齒，咬緊所有辛酸，意味著，這裡是神明遺棄的地方？

　　這是過於嚴重的說法，他知道，不能以這些形容詞，將已經孱弱的順風耳，再推往更深的困境。

　　他父母要他和姐弟，在國中畢業後，先後到台北讀高中。他很認真讀書，後來考上師大附中。後來就留了下來，租屋和買屋直到現在，都是住在仁愛路與復興南路附近。

　　直到後來，父母身體實在受不了。那些工廠日夜不停地，以不同濃度和品味綜合的味道，侵襲著他們。他們才接受他和姐弟的意見，上來台北一起住。

　　北上，卻不到一年，他阿爸就先過世了，阿母在二個月後，也跟著過世了。他們都死在台北，臨死前，他們仍相信千里眼和順風耳，已經知道這些事了。

　　「唉，早知會這樣子我跟你阿爸，就不搬上來了。」

　　這是阿母臨死前說的。他聽得出，阿母有一絲責怪，怪他沒有對家鄉多做些什麼。

　　她也怪自己的身體不聽從指揮。

　　「唉，人的身體可不比神明的。」

　　他知道，阿母是覺得，當初若不是依他和姐弟的勸說，她和阿爸仍留在老家，也許，阿爸就不會這麼快過世了。

　　「來這裡住，整天沒事做，你說，這是享受清福，但對我和你阿母，是折磨。」

　　這是阿爸搬上來後，每天常有的抱怨。白天，只有阿爸和阿母在家裡，也不知要做什麼。

　　這是所有人都知道的故事，是這個島嶼上，早就令人麻痺的情節了。

　　卑微，披著新嫁的白色薄紗，和命運相殘者聚集在晚風裡，而拓荒者早已安息。

　　新嫁衣物經過一番掙扎，後來，等待的，已不是傍晚清風，是風平後，頑強的性格，反抗著麻痺。

　　「連公婆與神主牌，都無法搬到這裡，還要你阿姑每天去拜，唉，再怎麼說，她也是嫁出去的外人啊。」阿爸曾這麼說。

　　「唉，這是神明的責罰啊。」阿母說。

　　父母來台北前，阿爸曾三次燒香擲筊問祖先。每次擲筊三杯，問祖先是否願意跟著他們，遷移到台北來？

　　三次的結果，都是哭杯，總共是連續九個哭杯。祖先表示，他們不想移居台北。祖先傳承下來的後人身體，已經愈來愈遠離那個傳承了。

　　「咱祖先都是長歲壽的人。」

　　「唉，大林蒲變成這樣，是神明的詛咒。你阿爸的過身和我的病，那是祖先的詛咒。唉，這是命啊。」

　　當時聽到阿母這麼說，他是硬著心，並沒有回應。甚至他很訝異，怎麼在連續劇裡的對話，就出現在眼前？其實，他是漠視阿母的話。父母過世後，他原以為，自己這一輩子，就跟大林蒲沒有任何關係了。

　　他真的不想重複電視連續劇那種情節。一半人生在台北度過了，他當初的確是這麼想的。

　　「我早就不是那裡的受害者了，早就不是了！」

　　「早就不是了！」

　　「何況受害者的姿勢相當累人。早就沒有人還有力氣，持續看著受害者愈來愈大聲的吶喊了。」

5.

　　看著高速公路兩旁的風景，他現在也這麼想，只是更深深的挫折和悲傷吧。這是平常人平平常常的情感，他不

想擴建它們成為廟堂。

挫折，穿著報馬仔的戲服，站在戲台上，走著緩慢的步伐。

原該走在最前頭的報馬仔，背著沈重的悲傷，只能步步沈重，它還在替悲傷，尋找合適戲服再出場。

「大喊出來的口氣裡，帶著油臭氣味，路過停下來傾聽的人，還有誰，能閉氣思索，事情總有前因後果呢？」

「奇怪，怎麼剛剛這個夢，就這樣不見了。」

他想著口袋皮夾裡，她當年送給他的護身符。他順手在衣服外，摸了摸口袋裡的皮夾。

她是頑強意志的女孩，絕對是一朵美麗的花，村裡的人都知道。只是頑強意志要抵抗什麼呢？那是一粒種子的美德？

「我昨天下午，騎鐵馬花了二個多小時才拿到的。」

「我去鳳山龍山寺，替你求到的護身符。」

「我連續執了三個笑杯，才得到的喔。」

坐在公路巴士上，他警覺到自己的激動和諷刺。當年，他要北上就讀師大附中時，前三天她拿給他這個護身符。

至今，他還記得她的微笑。那個微笑，是一顆種子，等待成熟的種子，也是他頑強意志所抵抗的種子。

「我知道，這對大林蒲在地的鳳林宮是大大不敬。」

「因此，隔天，我就去鳳林宮拜拜謝罪。」

她說得很堅絕。

他的微笑很堅硬，他的心情很雲霧，他的身體很寧靜。他再度驚覺，這些話語太有刻劃的詩意了，詩意想要掩蓋著什麼？

他一直很小心地，保護著這個護身符。護身符是保護他，他保護這個護身符，是他保護著她。

他覺得自己是在保護她，始終一致，因為扁平的護身符，是她消瘦身材的化身。

他始終拒絕承認，後來，他曾看到，她身材的變化。

「顯然，我的保護仍然不夠。」

村落裡風風雨雨，她的身材不再消瘦了，是乳房硬挺、腰身細瘦的女人了。他並沒有把這個印象，納入每天的生活節奏裡。

直到此刻，他才首次掉下淚。他趕緊擦掉淚水，以免客運車上鄰座的陌生人，覺得他很奇怪。

「你和我，都是很奇怪的人，遠離的人和留下來的人，也都很奇怪。」

「祝你鵬程萬里。」

拿給他護身符後，她這麼說。他很謹慎地道謝。他甚至已經無法確定，這句關於「奇怪」的話語，是她說的？或是他當年想說的？

那時候，他很拘謹。他很確定自己沒有那麼說，這句奇怪的話，不是很容易理解。

此刻想來，這種小學式的祝福，八股文還會回頭嘲笑

他。他差點笑了出來，可以感覺到，嘴角的移動。那時候，他覺得自己，終於是贏家了。

因為，他認定，當自己接受她的護身符後，他終於打敗另兩位競爭者了。

他以為自己是很容易滿足的人。

「這樣子，夠了，人生值得了。」

昨夜和朋友在麵攤喝酒時，他並沒有拿出這個護身符，雖然他隨身攜帶著它。

朋友們說到，目前有一些年輕人，以更有趣的方式，來推動大家對於大林蒲的重新認識。

「一群紀錄片導演和在地青年，組成『海馬小組』。」

「他們很關心大林蒲的遷村議題。」

「他們透過舉辦攝影展、青年營的方式，希望大家重拾大林蒲的回憶。」

「希望借著當年的回憶，喚起地方團結。」

他曾閃過一個念頭，是否，把她送給他的護身符，拿出來給他們看？他很快地否決了這個想法，他不想讓大家面對這個回憶。

「不然，落得像當年紅毛港遷村，村民四分五裂。」

「唉，四分五裂，最後，更無法獲得預期的補助。」

他其實插不上話語，只低頭喝著台灣金牌啤酒。他幾乎不曾觸及關於紅毛港的故事，好像那是荷蘭時代古早的歷史故事。

「幹，這些做官的，真的不是人。」

「真的不是人，不然，怎麼這樣子對待人。」

「怎麼這樣子對待人！」

他喝了一口酒後，又拿起杯子，邀請說這句話的人乾杯。他希望啤酒可以冷卻一下激動的心情。

他想著，難道，他們都不關心，她明天的告別式嗎？

這時候，他才想起，她從女孩變成女人後，寬鬆衣服裡，的確，她的胸部，已經遠遠超過當年的想像了。

「難道，他們不怕神明的處罰。」

如果從胸部，來重新想起她，讓他難以忍受這場告別式。

他也想起了，她倔強的嘴角，微微牽動著臉頰上，頑強意志在隱隱微笑裡。

一百張頑強意志的臉，一百張隱隱微笑的臉，掛在「慶讚中元」時道師的帽子上。隨著道師做法時，專注的神情，和搖擺的頭，那些臉看盡了這一切。

有另一百張頑強意志的臉，和另一百張隱隱微笑的臉，掛在廟前豎起的細長竹竿頂上，隨著幡旗，臉在動，風也跟著動。

「難道，他們都不怕神明的處罰。」

他們說，她的父母一直勸她離開家裡，搬到高雄市區或其它城市工作。她不願意離開，要留在家裡照顧父母。

「這是陳年老調的家庭故事啊，這不是很好笑嗎。」

他這麼想，可能是因為懊惱她的過世啊。他不希望自己只因為悲傷，而變得喜歡諷刺。就算是別人經驗過的故事，或是別人說過的故事，但是她是獨特的。

「你們想想，普渡時，供桌上，插在水果和罐頭上的三角花旗，再怎麼招風，也招不回她了。」

6.

終於有人提到她了。

他一直保持沈默。

他來台北讀書後，除了前幾個月，他和她有通信，後來書信聯絡也停止了。他甚至無法記清楚，後來何以會書信往返也不再了？

「回去後，再把那些信拿出來看看吧。唉，時間真是傷人啊。」

他望著窗外，車子繼續往北走，高速公路外的風景，他愈來愈熟悉了。心情卻仍留在大林蒲。

「你知道嗎，她只想念你一個人！真怨嘆啦。」

「她一直在等你，你知道嗎！」

「是啊，大家都知道她不想嫁給別人，你知道嗎？」

「你知道嗎，她只等你，憨憨等你，回來帶她離開這裡。」

「她的兩個老的一直幫她安排相親，她理都不理。你知道嗎？」

他很想喊說，我知道啦。但是，知道又有什麼用呢？有什麼用呢？是你們自己也沒有辦法啊。

「有人說，她太沒自信了，可能感覺配不上你吧。」

「幹，喝一口啦，你說得好像電視連續劇，一點價值都沒有了。」

「唉，據我的了解，這是她的心情，唉，怎會有款人。憨大呆。」

他第一次聽到這些話。

他並沒有多說什麼，這是他覺得，自己是帶面具回老家的緣故。

心想，自己只是一家小貿易公司的部門經理，在台北的商場，他從不曾覺得自己有這麼偉大。

至今，他還是覺得，自己只是一個「俗仔」，別人的奴才。

他曾聽過一位學者的演講，期待大家的想法，要脫離城市和鄉村的分別，不要陷在這種簡單二分法裡。

他喜歡這種說法。但這麼想，卻讓他的俗仔性格變得更具普遍性，好像不是只在城市裡，他當著別人的奴才。

「這是老家嗎？」他想著。

「你看，她的兩個老的，雖然身體不好，卻活得比她久。」

「你不要詛咒別人。」

「搞不好，她是傷心過度才過世的。」

客運車下了高速公路，第一站，鄰座的陌生男子下車了。他突然覺得自己好像解放了。

他從皮夾裡拿出護身符。

斜照的太陽，從高樓和高樓細縫裡，照射在護身符上。他發現，護身符後方，有一張原子筆字跡的紙。

一張泛黃的紙，是她寫的，由於年代已久，原子筆墨滲過紙面。經由陽光的斜照，才讓他看到護身符裡頭，還夾有這張紙條。

字跡工整，他一看就知道，是她的筆跡。

內容是：「爲了你的前途，我寧願自己被詛咒。請你不要辜負了觀音菩薩的心意。」

他的心情已經很久沒這麼不安了。

「我寧願自己被詛咒」，他有股衝動，想要馬上下車。

他沒有再掉淚，心中卻昇起一股憤怒的感覺。腦海中充滿了「幹！」的迴聲。

他已經很久沒有這樣子了。

那個護身符鎮住了所有的不安，也鎮住了所有的愉快。現在，他才驚覺，那個護身符也鎮住了所有的憤怒。

「難道，她的過世是被詛咒！」

「或者，是我，辜負了她？」

他已經忘記了，自己如何走下巴士的。

他不只在公司裡像個俗仔，面對她，他也是俗仔。他甚至覺得那個護身符，鎮住了遠在家鄉的她的憤怒。

走到仁愛路的人行道上，夕陽下，踩著樟樹的陰影，他重複問著自己：「剛剛車上，那個夢是什麼？」

疲累神情，他想再睡著，趕緊將那個夢，再追回來，雖然他只能很慢地走回住處。

這個住處，他的父母到死前都不曾覺得是他們的家。

他知道，走到目前，他只能繼續這樣走下去。

她死了，他會再回家鄉嗎？

「何況，她真的已經走了。」

她的微笑和頑強臉孔，一張接著一張，站在那護身符的四周。那些臉不敢佔在護身符的中間位置。

她真的是一朵美麗的花。

這一輩子，他第一次感覺，終於確定了，所有的人和事，都已經拋棄他了。叫做家鄉的地方，也拋棄他了。

「她真的是一朵美麗的花！」

「幹，我們都知道，她送你鳳山龍山寺護身符。」

「我們早就知道了！」

「你真無情啊！」

失敗者仍得意地覺得，他們早已知道，自己早就是失敗者了。他是得勝者，遠離家鄉的得勝者，他一直這麼覺得吧。

親耳聽了別人這麼說後，他才真正的知道。

他深深地吸了一口氣，要用這口長氣來清洗掉，他早就贏了的感覺。鼻孔裡，突然竄出來一股臭氣。

他覺得，自己背叛了她，她也背叛了她自己。但是，這個結論，有什麼意義嗎？

「我們早就知道了！」

「觀音菩薩呢？」

「下個禮拜，回去鳳山龍山寺，再去擲筊，問問觀音菩薩。看她怎麼說？」

「回去看她怎麼說？」

昨天中午，他就回到老家高雄大林蒲了。

他已經沒有名字了。

回台北的家後，他只覺得很疲累，早早就上了床。

躺下來不久，他提醒自己，如果下次回去老家，他要再多看一眼，那些圍住村落的高聳煙囪。

睡著前的模糊狀態，他覺得，那些高聳的煙囪，污染了村落的窗戶，已經讓他看不清楚，村人屋舍裡的人情脈絡。

他則污染了，她倔強的眼簾裡眼神還有餘溫的情人。

醒來後，他更確定自己只是一個俗仔。在夢中，如果有夢的話，他收藏好她送的護身符後，他還是拒絕了，她那迎面而來的乳房。

　　通常，前一天夜裡，如果想到她，隔天，白天工作時，他特別有耐心，只因爲很空洞。直到晚上，他去華西街的妓女戶。

　　他交待門口的三七仔，他要的女人，消瘦而且胸部平坦。

台北圓環粉紅外套的半個人

1.

這一切都發生在台北圓環。

文三七人站在馬路旁，等待至少四年多了，他一直站在圓環出入口附近的馬路上，日日夜夜。

他等待著某件事會突然發生，然後，他就可以不再只是自己。等待，尤其是在廢墟外等待，說不上是有趣的事。文三七人就開始回想，這麼多年來的人生經驗。

最早最早的時候，人是一半而已。這原本只是古代哲人的幻想理論，但是文三七人經過這件事後，他很確定古代哲人的說法是真實的，不是理論。

文三七人猶豫著，要如何談這件重要的親身經驗？實在是太嚴肅的事了，如果要把它寫成很輕鬆的故事，他擔心大家會沈浸在故事的輕鬆面，而忽略了這是一個很嚴肅的事，需要的是安靜下來，好好想想這是怎麼回事？他還是決定維持嚴肅的調性。

大家都忘記這件事了，有人是右半身，有人是左半身。至於傳說中，左右半身都在尋找另一半邊，這種說法就不一定正確了。並不是所有人都會喜歡另一半身，既然可能如此，又何必找麻煩呢？但這是真的嗎？

　　其實，現代人根本不會相信這種說法。只說這是神話，神話就是亂說的話。既然這樣，文三七人就不客氣了，他發誓一定要找出那些幽靈，而且是會說謊的幽靈。因為真實雖然被忘記，但是仍充滿了情緒，這些情緒才是真正的倉庫，蘊藏著當年的人和故事。

　　文三七人一度猶豫著，是否再想像這些？但是很快地，他還是決定繼續想下去吧！

2.

　　他相信，不會說謊的幽靈所說的，不會是最貼近人類心靈的故事。

　　這些都是假的，百分百是假的，雖然有人認為當能夠百分百是假的，那就變得比真的還真實。不過，文三七人無法管別人會這麼想，這麼相信，文三七人絕不更改他的態度，一切都是假的，沒有任何人的人生是真的。

　　不會說謊的幽靈一定堅持，世界上沒有妖怪。這才是最大的謊言，只是為了安慰自己，然後藉著謊言將自己的眼睛遮起來，以為世間就是這樣子了。開玩笑，這世間怎會這麼簡單，如果是這麼簡單就不會有人誕生這件事了。

　　人的誕生，就是一連串的謊言加起來，再加上精子和卵子，才會有人的誕生。這不必多寫，是大家早就心照不宣的意見了。

　　文三七人看見一條黑狗，飛奔進去台北圓環的廢墟。因為天色太暗，文三七人也不確定真的是那隻黑狗嗎？但是文三七人知道，他今天不是要把重點，放在那隻黑狗身上。

　　文三七人需要把該想過的，都先想過，然後他才能接近那個故事。沒有先想過這些就直接接觸那個故事，可能使他永遠都回不了自己。他已經這樣子等待四年多了。

　　他繼續想著。

　　曾聽有人說，這個世間不會有妖怪，三文七人起初根本就不理會，任何有關妖魔鬼怪的事情。就因為他不相信，偏偏就有一群妖怪，利用各種方式來接近他，讓他覺得周遭的人事物，原本就是那樣子。

　　其實，他已經被妖怪所妖怪化了，因此他不知道自己就是妖怪。

　　他仍以為自己是人。

　　真正的困惑是在於，為什麼文三七人要想這些做為開場，難道他要做出什麼重大的宣示嗎？只是要找自己，需要這麼麻煩嗎？

3.

　　很奇怪的事，到底是什麼因素，讓這裡的人會開始怕見到鬼和妖怪？

然後這些鬼和妖怪，也變得要躲躲藏藏？這些鬼和妖怪都曾是自己的親人，就算是在世時，有一些感情和利益上的衝突，或者是在心中詛咒很久了，終於死掉了。

死了就死了，總是一切都一筆勾消了，難道是閻羅王手中的那隻筆分岔了，一筆勾下去，不但沒有一筆勾消，反而造成了人和鬼互相怕來怕去。

文三七人曾想到，卻最不敢說的是，活著的人故意把鬼和妖怪想成很可怕，因此藉機和他們疏遠。至於為什麼會這樣？文三七人仍不了解，但是他抱持著好奇心，想要了解這是怎麼回事？

不然，見到鬼，就像看見久別的親人，照理是應該很高興才對。不過這一切都太晚了，局面已經變成相互怕來怕去了，已經不可能再挽回了。

其實，想了這麼多，就是反映了內心裡的不安吧。好吧，好吧，就好好面對台北圓環所發生的事吧。

自從台北圓環開始這麼熱鬧，而且愈來愈旺盛，有人私下偷偷說，「就是因為在這裡，人和鬼怪都和樂相處。不會計較什麼是人的，什麼是鬼的，什麼是妖怪的？」

所以一般人分不出來誰是誰，就這樣，讓台北圓環成為全台灣出名的夜市，只是時間久了，自然就遺忘了這種事，大家就當做是一般的事情，沒什麼好值得稀奇，也不會有人介意要去說這些。

4.

有一天，那已經是很久以前的事了，在台北圓環附近，文三七人遇見了只有一半身體的人。

雖然只有右邊一半身體，穿著完整一個人的衣服，另一邊沒有身體的衣服仍是撐著，好像就是有身體在那裡。這是人的意志的結果，雖然是一種期待，卻期待的是未來，可能有另一半身體可以結合在一起。靠著這種意志，就足以撐起另半邊的衣服了。

如果這個人沒有意志要走下去，懷抱著要找到另一半人的意志時，另半邊的衣服就會自然地下垂。這就是一般人說的，決定抱著孤獨的人，而且不怕別人知道他們的孤獨。

這些做法就讓孤獨變成一種帶有決心般的意志，雖然這麼說在一時之間還很難讓人了解，有人會說，不過就是孤獨，不論它是昂貴或便宜貨，何必說得那麼奇怪，反而讓大家不了解？是這樣沒錯，只是原先的了解根本就是問題的來源，反而不是了解眼前到底發生了什麼事。

只要再聽文三七人描述他所看見的，大家就會知道複雜就是複雜，一點也無法省事就算了。

突然出現在文三七人眼前的半邊人，衣服是很誇張的鮮黃色上衣，加上粉紅色外套和鮮紅色長褲，卻是打赤腳。衣褲有很整齊的燙痕，好像是剛穿上的新衣，但是他的赤腳上所沾到塵土，模樣是走很遠的路了。

這位半邊人的臉上表情，很像一般人所說的撲克牌，根本不在意任何周遭人事物的變動。

文三七人原本不想理會這麼奇怪的人，他刻意離對方有三步遠，想閃過對方。沒想到那個半邊人卻哭泣起來，像個三歲小孩坐在地上。文三七人對這突發狀況也不知道怎麼辦，左看右看，都沒有其他人在附近。

5.

奇怪的是這位半邊人都不曾看著他，因此文三七人並不確定，對方是否是向他哭訴？一個大人樣卻哭得跟小孩一樣，的確很奇怪，因此他就先站在原處並沒有馬上走向對方。

文三七人更覺得奇怪，台北圓環是很熱鬧的地方，怎麼這一天完全沒有任何人？他再看向街頭的前後方，都沒有其他人在附近。

只有這位很奇怪的半邊人坐在地上哭泣。

隔了一陣子後，這位半邊人的臉才轉向文三七人，一直盯看著他。文三七人終於知道，半邊人是要找他，是跟他哭訴。文三七人印象裡完全不認識這個人，對方的眼神卻是流露著，他認識文三七人。

文三七人只好走過去，問這位奇怪的人到底為什麼要哭？當文三七人問他時，這位奇怪的半個人才停止哭泣。文三七人蹲下來，再問這位半個人到底在哭什麼？

這個時候文三七人覺得，這個人不應叫做半邊人，而是一個半個人。

然後很湊巧的，半個人就先跟文三七人解釋，「我是半個人，不是半邊人，因為我有完整的兩邊，只是我不是完整的一個人。」

文三七人想著，他剛剛覺得眼前這位是半個人，不是半邊人，好像就是這位半個人所解釋的理由。文三七人不知道為何自己這麼想，或者難道這位半個人早就看穿文三七人正在想的事情嗎？

「另一個半個人已經不見了。」半個人說後停了下來，看著天水路的遠方，好像在等待回音從遠方傳來。

「唉，真是不知道怎麼說才好，本來兩個半個人，疊在身體的各一邊。有一天半夜，我忙完後幾乎整個人要癱瘓了。」半個人繼續說，帶著失望的口氣。

「突然發現我不能再說整個人要癱瘓了，因為另一個半個人竟然在我忙碌的時候，突然走掉了。」半個人這麼說時，文三七人卻有更多的納悶，難道半個人在忙碌時，竟然不知道另半個人早就脫離身體而不見了？

還有，這位半個人跟台北圓環有什麼關係呢？只是路過這裡，或者是土生土長的在地人呢？

6.

文三七人正想開口問，你來自什麼地方？

半個人仍沈浸在自己的故事裡，文三七人只好吞下正要問出口的話。雖然文三七人必須承受，這個問題被活生生吞下時，對喉嚨的滾燙。每個字都在吶喊，不願再被吞回去。

在這個世界裡，每個字，每句話都是獨立自主的，文三七人硬把話吞回去，自然得承受這個後果。有時候，只是被口水嗆到，但是對於那些很固執的話語，則會像熱水般，文三七人痛苦了一會兒，因此漏聽了半個人所說的前面幾句話。

「就這樣，那個半個人就不曾再和我聯絡了。」說到這裡，半個人又大哭了。

文三七人不知道如何安慰半個人，只好先保持沈默。

半個人哭了一陣子後，突然伸起右手，探往左邊空空洞洞的衣服裡。手在裡頭好像在摸索什麼東西，後來，右手伸出來，拿出一條魚，一條銀色的魚。半個人將這條魚放在地上，文三七人仔細看，才知是一條鋼雕的魚。

文三七人問半個人，「這條魚已經是民族誌研究裡，一件重要的研究對象，怎會在你這裡？」

這條魚的出現，讓文三七人的心情突然興奮起來，他興奮時就想要上廁所，但是他忍住了。

前陣子新聞報導提及，這是很重要的一條魚。尤其是要了解台北圓環的歷史和人情味，這是件不可缺少的作品，不只是藝術價值，也是人類學研究的重要物件。

新聞報導說，多年來，大家都找不到這條傳說中的魚，強調它的存在反映著台北圓環的重要故事。因為一直找不到這條魚，就一直無法研究當時的人情味是怎麼樣？

7.

半個人說，「這件藝術品是我創作出來的，整條魚，完完整整的一條魚，不是半條魚。」

文三七人壓抑著內心的興奮和驚訝，原來這位半個人就是這件重要藝術品的創作者。

「我花了很多時間，研究鋼雕技術，才創造出這條魚。」

文三七人知道，魚很重要，是台灣人辦桌時最後的一道菜，一定是一條完整的魚，表示在未來的日子還會有剩餘，不必擔心下頓飯會沒有東西吃。

半個人說，「這是當初老圓環被拆掉時，我趁著當時混亂撿回的一條魚。」

文三七人記得，這條魚被創造出來後，由於它的價值太高了，因此並不隨便讓人觀看。後來，就有人傳說這條魚不見了，被人偷走了。這可是大事件，因為，這條魚不

在圓環裡，就表示台北圓環的生命，會受到難以抵抗的挑戰。

台北圓環早就以自己的生命模式，周轉著忙碌的世界，這是一般人難以了解和看見的樣子。只有少數人願意相信，台北圓環本身就是有血有肉的生命體。

文三七人曾看見每天夜半熄燈後，台北圓環接近天水路這邊，就會有不斷的喘息聲，這是台北圓環休息時打呼的聲音。那裡是它的嘴巴所在。

半個人說，「這條魚，讓我可以好幾代都吃不完。」

文三七人知道這條魚的價值，絕對不在於可以吃下肚子。因此覺得半個人根本就是在鬼話，鋼製的魚怎麼可能吃得下呢？但是文三七人不想多惹事，只好點點頭，好像是同意。

這不是藝術是否能當飯吃的問題，而是這條魚的存在，就是台北圓環本身為了呈現自己的生命力所創造出來。絕對不是某個人普普通通的創造品，而是台北圓環存在這麼久後，所慢慢累積出來的成果。

生命力絕對是重要的基礎，其它的，都只是額外的交會。

文三七人的了解是這樣子，這也是他可以接受的對於生命的說法，雖然他也不確定目前是否還有人會想要了解這些？或者只有一些人類學家才有興趣，這些曾經存在活生生的生命。

8.

半個人說「我左邊身體的半個人，是很邪惡的人。」

文三七人從沈浸在自己的嚴肅思考裡回過神來。

「好幾年後，我才從其他人的口中知道，我許久未見的那半個人，竟然偷偷衝進了被毀掉的圓環裡・・・」

「他衝回廢墟裡，要做什麼？」文三七人問。

文三七人終於可以順利問話了。

「他躲在殘破水泥和彎曲樑柱裡，一個殘破的廣告招牌下，寫著＜魚翅肉羹＞底下。」

文三七人問，「為什麼那半個人要這麼做？」

半個人回答說，「這個惡人，我平時很容忍他，沒想到他竟然事前不先說一聲，就跟著那些被打掉殘破的圓環走了。」

怎麼又說，那半個人跟著走掉了，這是什麼意思？是誰「走掉了」，剛剛不是說那半個人躲進圓環裡嗎？

「這個惡人平時為非作歹，我是一個好好的人，認真做事情，沒有想到要跟老圓環一起走。」

文三七人有些了解，原來這半個人是不滿另半個人跟著老圓環走了，這是指對方不願留下來，和這個圓環共生死的意思吧。

「我甚至還顧著搶一條魚，做為以後的飯碗。但是我竟然變成一個奇怪反背的人。」

文三七人愈來愈混沌了，問說，「為什麼你說自己是

反背的人？」

半個人又突然大哭起來，他的淚水幾乎將他坐的地方都弄濕了，甚至快要淹起有一吋高的水灘了。文三七人想要挪動自己的位置，但是怕半個人誤解，以為他看不起他的淚水。

一滴淚水是一滴血，因此半個人的淚水，是向文三七人坦誠他的內心世界。

文三七人覺得被攪混了，不知道到底發生了什麼事？到底是誰背叛誰？

9.

半個人停止哭泣後說，「竟然這個惡人的半個人，跟著老圓環一起走了，照理如果沒有我存在，他只能像冤魂那樣，在天空中徘徊。」

文三七人只能靜靜聽他說，因為已經混淆了，到底誰存在？誰走了？走了是指什麼？

「他原本是需要我庇護，才能度過人生的種種難關。唉！」

文三七人等著半個人繼續說，因為他還沒有完全了解到底怎麼回事？雖然文三七人也同時覺得，就是要無法完全了解，才表示自己和半個人是不同世界的人。何況他也認為，這些人都是習慣說謊的人，他要自己一定不能相信他們。

半個人說，「結果竟然他因為躲進了，老圓環的殘破東西裡頭，一起走了，讓他變成是個忠於老圓環的人。」

天啊，原來是這個意思。文三七人終於明白，原來如此複雜，這半個人在描述時，讓文三七人試圖了解時所產生的落差，也反映著台北圓環的複雜性吧。

「唉，我竟然為了搶一條魚，變成活在這個已經改變的世界，變成我是一個在廢墟外天空遊蕩的鬼魂，不，不，我還是人，還是半個人。」

原來這條有價值的魚，是被半個人拿走了。他活下來，但是代價是不忠的感受，文三七人雖然不全然了解，這種忠或不忠的意義，但是很高興看見這條魚再度出現了。

只要這條魚還活著，當年的種種記憶，尤其是關於人情味，就能夠不斷地被談論。

「我還在這附近打轉，如果我離開這裡，那我就真的無依無靠，只能是在天空中的人影了。唉。」半個人說。

原來是文三七人的誤解，所謂跟著老圓環一起走了，是指一起消失不見了。不是指另挪到其它地方，結果反而是半個人留下來一直活著。

10.

「怎麼會這樣，反而他變成有依歸的人呢？」半個人說。

這句話裡的「他」，是指那位半個人，起初覺得被他背叛了，因為，他在半個人忙碌時，悄悄離開的這位半個人。

「這一切竟然就是我太貪心，為了這條魚，這條魚就是當年<寶月號>炸魚時，引起台北圓環火燒的那隻魚。」半個人說。

文三七人又被攪混了，到底半個人現在所說的魚，跟他剛剛從另半邊空的身體，拿出的那條藝術鋼魚，它們是相同的嗎？

「唉，你無法了解的，這條魚的價值‧‧‧」半個人拿著那隻鋼魚看了看，「這條魚的價值，完全來自於那條在油鍋裡被油炸的魚。」

文三七人終於有些了解了。但是他提醒自己不能隨便相信半個人，他可能必須靠著拒絕完全相信半個人的故事，才能讓自己維持在另一個世界。

「怎麼最後卻變成，我是不忠於老圓環的人呢？難道，他真的這麼狡滑嗎？」半個人說。

「這不是任何人可以阻擋的，這是時間和歲月，一起聯手對人的背叛！」文三七人訝異自己有這些想法。雖然他還不是很了解這句話的真正意思。

說話的同時間，文三七人心中突然覺得，難道自己就是半個人口中的那個「他」嗎？

文三七人搖著頭，想要弄掉他剛剛說出的那句話。

11.

「唉，你說的是一般人的想法。」半個人說，「我是希望他還是能夠回來，兩個半個人的世界，在台北圓環過普普通通的日子。」

天色漸漸亮起，沒想到時間過得這麼快，文三七人知道該走了。

「我並不抱怨時間和歲月。」半個人說。

文三七人的同情，被半個人強行收拾起來，打包擠進右邊的口袋裡。文三七人再度驚覺到一件可怕的事，不知道他的左邊身體，會不會在他剛剛聽半個人談話時，左邊身體也會自私地跑掉？

「沒有時間和歲月，這條魚，就只是一片片普普通通的肉。」半個人說。

文三七人用右手摸摸左邊的手，還好左邊身體沒有偷偷跑掉。

天光從南京西路的遠端，慢慢浮現。

文三七人檢查自己的身體是否背叛他時，那瞬間，轉頭再看向半個人時，半個人已經不見了。

半個人留下了那條魚，就放在文三七人的右腳旁邊。文三七人蹲下去撿起魚，拿在右手上。

他決定閃身經過新建的玻璃屋旁，僅可容身走過的地方，往台北圓環的廢墟裡走。

他右邊的身體好像有些沈重。

　　早來的天光，照到那條魚時，留下一道閃光。這道閃光剛好照亮了一隻黑狗從廢墟裡衝出來，這道閃光照到的故事，需要台北圓環黑狗兄的太陽眼鏡，才能看得清楚閃光裡還有什麼故事？

　　這副勇猛無比可以「拉天」的太陽眼鏡，不是三言兩語可以說清楚。不過這是另一個故事，還要再等待天機，才知道可不可說？

台北圓環的黑狗兄找不到太陽眼鏡

1.

原本的好奇只是，狗用來尿尿的那一根，只要春情發動時，為什麼會變得那麼長，那麼勇猛？

再怎麼厲害的男人也不可能這樣子吧。

不過，任何事情本來就不會表面上看見的那麼簡單。這不需要高深的理論或者讀很多書，只要聽聽文三七人談台北圓環黑狗兄的故事，大家就很容易了解，為什麼愈簡單的故事背後，擁有最複雜的人情世故。

文三七人遇見黑狗兄是很湊巧的事。

台北圓環的黑狗兄是一位很奇怪的人，因此有人私下說他是狗，不是人。但是不能隨便說別人可能不是人，這是很嚴重的事情，會惹來殺機。因此大家都只是保持在疑問的態度，明明不是人，就是黑狗？說它是黑狗兄，只是為了避免不必要的紛爭。

「因為黑狗兄尿尿的那根，跟黑狗一樣嗎？」

沒有人回應這個問題。

那是很久以前的事，雖然文三七人印象深刻，就好像那是剛剛才發生的事。剛剛，文三七人站在台北圓環外，

對著裡頭大喊。這也是很奇怪的事，為什麼文三七人要去那裡大喊呢？

「有人在嗎？」

難道是吃太飽了沒事幹嗎？也可以這麼說啦，文三七人做三七仔，已經很久沒再碰到這種事了，尤其近來，路過的年輕人根本連三七仔是什麼都不知道，所以他是很感慨世情怎麼會變成這樣子？

「有人在嗎？」

文三七人還在測試，那些早就被埋沒在廢墟底下的鍋碗，是不是還有生息？是不是還可以煮熟，當年不小心跳出鍋子的一隻蝦子？因為這隻蝦子為了難忍的寂寞，現在寧願回到當年圓環裡的鍋子裡，希望被煮成跟大家一致的模樣。

2.

這絕對是意料之外的結果。

文三七人看見台北圓環的黑狗兄時，黑狗兄是從圓環的牆壁後，突然閃身出來。讓文三七人嚇一跳，如果要重新說當時的情景，文三七人一定忍不住大笑，根本無法說下去。

文三七人深深吸一口氣，他看著黑狗兄頭低低的，根本不是什麼英雄氣概。好像是一隻落水狗，眼睛咪咪看著

地面,好像在尋找什麼東西?黑狗兄差點擦撞到文三七人,他才抬起頭問文三七人:

「你有看見我的太陽眼鏡嗎?」

其實受驚嚇的是文三七人,因為他沒想到,黑狗兄竟是這麼落魄的模樣。

「我不知道你說的太陽眼鏡是什麼?」文三七人回答。但是他心中卻納悶,明明已經是晚上,黑狗兄還要帶太陽眼鏡嗎?

黑狗兄說,「當初逃出被打掉的圓環時,我的太陽眼鏡不小心掉下,被壓在一塊招牌底下。」

文三七人聽到黑狗兄這麼說,心情才嚴肅起來。雖然沒有太陽眼鏡的黑狗兄,看起來很狼狽好笑的模樣。

「那個招牌是＜三元號＞,我想要再回去撿時,有一塊更大的水泥板要壓過來,我只好趕緊跑開。」黑狗兄以英雄的口氣說。

文三七人不解的是,既然知道掉在什麼地方,為何這麼多年過去了,黑狗兄仍還沒找回他的太陽眼鏡?

「直到現在,每天只要天一暗,我就會再回去找。」黑狗兄說。

「為什麼是天暗後才回去找呢?」文三七人問他。

3.

其實天愈光愈看不清楚，尤其是在黑暗世界裡的東西。這也是為什麼台北圓環黑狗兄需要一副太陽眼鏡，用來遮掉一些光的原因。

黑狗兄透過太陽眼鏡，透過被遮掉的光線，看見了很多不能隨便向其他人說的事。雖然他平時一付無所事事的樣子，不過這也是事實，很容易就看得出來，他的雙手可說是台北圓環裡最乾淨，最潔白的，而且擁有最細嫩的皮膚。

當文三七人問他，為什麼要等到天暗了，才回到台北圓環裡，找他的太陽眼鏡時，黑狗兄反而顯得很不好意思，好像他還同時做其它的壞事，使他感到不好意思。

「我真的是在找我的太陽眼鏡。」黑狗兄回答。

文三七人覺得真的有些奇怪，更確定黑狗兄除了回來台北圓環找太陽眼鏡，應還有其它難以說出口的秘密。

「那是我的心肝寶貝，也是家傳的祖產。」黑狗兄說明他的太陽眼鏡。

文三七人點點頭，雖然，這故事他早就聽人說過了。台北圓環黑狗兄的太陽眼鏡，它的來歷早就傳遍的大街小巷。

「我阿公參觀日本時代的萬國博覽會時，他撿到的太陽眼鏡。」黑狗兄說。

原來這副太陽眼鏡是撿來的。不過這真的有些奇怪，一般來說就算是撿到的，也會盡量吹牛，說是花多少錢，

在某種多麼奇特的場合，好不容易買到的。

　　文三七人記得的故事是，有一天，黑狗兄的阿公，當時原本叫阿財仔，後來改叫黑狗兄。在路上遇見了一位日本總督府的大官員，那位大官員路過一條明明很平坦的路，卻不小心跌倒了，無法自己爬起來。當時的阿財仔還沒叫黑狗兄，他趕緊跑過去，趴在泥巴路上，讓那位官員用手壓在的背部，慢慢起身。

　　這故事有些長，先跳過中間，因為官員一直嘗試要起身，卻始終沒有辦法。那時候阿財仔竟然趴在泥土路上睡著了，事後他還說，官員的手掌撐在他的背上，好像在幫他按摩，他覺得太舒服，就不知不覺趴在泥土路上睡著了。

4.

　　既然只是撿到的，沒有偉大有趣的故事在背後撐腰，這不是在貶抑這副太陽眼鏡的歷史嗎？

　　「我阿公參觀日本時代的萬國博覽會時，他撿到的太陽眼鏡。」黑狗兄再說了一次。

　　文三七人一度想要校正黑狗兄說的故事。但想想那是黑狗兄的太陽眼鏡，雖然這樣的情節會讓台北圓環，少了一個有趣的故事，好讓大家記得台北圓環的存在。不過他又覺得那副太陽眼鏡，跟自己沒相關，因此就算了，沒有開口說，黑狗兄其實說了一個錯誤的故事。

「我阿公只要帶上它，一切就變得很厲害。」黑狗兄這句話就很有道理了而且符合大家熟悉的歷史。

「只要上酒家，就有一大堆大人圍過來，叫他黑狗兄。只是真可惜...」黑狗兄的臉色暗沈下來，比晚上的黑還要更黑。

文三七人嚇一跳，以為看見死人的臉，不然怎麼會這麼暗淡。

「我阿公撿到這付太陽眼鏡，後來變得很放浪，最後竟然趴著死在女人的身體上。」

「這種死法，可以讓後三代，都過著舒爽的日子啊！」文三七人並不是嘲諷，這是大家傳說的說法。

「這實在是很歹勢的代誌。」

難道黑狗兄不想把自己的爽快日子，讓別人知道嗎？不然文三七人聽了黑狗兄的說法，根本和傳說中的黑狗兄的飄浪，是不一樣的說法。難道這位不是真正的黑狗兄嗎？不然做這種事情怎麼會有歹勢呢？

文三七人愈聽愈感覺怪怪的，因為黑狗兄說歹勢時，好像不是說他阿公，而像是在說他更親近的人。

黑狗兄看文三七人的表情後，再低聲說，「其實，阮阿爸，也是死在女人的肚子上。」

文三七人早就聽過這故事了，如果不是故事中的樣子，就不是台北圓環黑狗兄的故事啊。難道眼前這位自稱黑狗兄的人，想要自己改變這個傳說中跟他有關的故事嗎？

「你來這裡是為了改變自己的故事？這不可能啊，大家都喜歡聽原來的故事啊。」文三七人低聲說。

5.

「唉，實在是真慘，雖然大家都在背後說，這種死法是最幸福的代誌。」黑狗兄說。

天色愈來愈暗，黑狗兄的臉色，跟夜色愈來愈接近，好像整個人溶進了夜間裡。

「反正歹勢的，是後一代的人，死的人就死去了，又能怎麼樣？」黑狗兄愈說愈無奈。

黑狗兄的臉色溶進黑夜的黑後，就完全看不清他的神情了。文三七人愈聽愈納悶，一時之間，也不知道要如何回應黑狗兄。

「我又不能不接受這副太陽眼鏡，屬於黑狗兄的太陽眼鏡，不適合的人戴起來會很落魄。但是真正的黑狗兄，戴起來，就是不一樣。」黑狗兄的口氣明顯不同了。

黑狗兄的臉色突然發亮起來，雖是仍是黑色的，但是這種亮光讓他的臉色開始改變了，好像是在日本古老寺廟前，小黑石舖滿地的枯山水。

沒多久，這枯山水就起了變化，文三七人看黑狗兄的臉色，愈來愈紅潤，好像是剛發情的少年兄，想到愛人時，整個臉從頭頂到鼻尖都紅了起來。尤其是黑狗兄的鼻子很硬挺，好像是跟荷蘭人混過種的後代。

突然一隻白色的混種狗，從台北圓環裡衝出來，後頭跟著一隻黑色台灣土狗。黑土狗的肚子底下，還露出一長段紅色的陽具（文三七人叫那裡是「濫鳥」），隨著跑動而不停地搖幌著，紅得讓小黑石枯山水，變成了紅色的背景。

黑狗兄看著這兩隻狗跑過眼前，原本有個動作要做出來，卻停在起初的地方，好像中邪那樣愣在那裡。

文三七人看見黑狗兄的褲底前方，突然擠出了一團東西，在他的褲子裡，隨時要闖出來吃人的模樣。

6.

這兩隻黑白狗剛才可能在台北圓環裡做完那件事。

文三七人還在納悶，既然已經做完了，黑公狗幹嘛還要追著白母狗呢？雖然有人說，那是公狗為了表達感謝的心意。

但是台北圓環流傳的說法是不太一樣，傳說是公狗為了要找回剛剛興奮時，失落的一些心意，是事後覺得自己付出太多了，想要撈回一些成本。只是這種說法有些奇怪，好像是生意人的生意經，因此就存疑吧，有機會再找這些狗來問，雖然這些公狗不一定會說出好話。

後來，一位穿著絲質白上衣，黑色西裝，黑皮鞋的歐吉桑，在後頭追趕那兩隻狗。文三七人看著這場景，像是這位歐吉桑在追牠們，牠們只是在逃跑，而不是在相互求愛。

　　唉，有些複雜，文三七人這麼解讀，可能隱藏著他自己的私密故事。

　　文三七人好奇這副太陽眼鏡的厲害，部分原因是兩天前他的愛人才離他而去。文三七人心想，是否有可能換他去撿到這副太陽眼鏡？他當然不能洩露自己的意圖，他就問黑狗兄，到底丟在什麼地方？剛說完又覺不妥，再修正說，「我的意思是你真的掉了那副太陽眼鏡嗎？我看你還是很厲害啊。」

　　文三七人發現，當他看著從台北圓環裡跑出來的那兩隻狗時，黑狗兄不見了。他納悶著，奇怪發生了什麼事？文三七人正想著，如何把剛剛說出的話收回來時，黑狗兄卻從圓環裡走了出來。

　　黑狗兄的神情變得不同了，不知他進去台北圓環後，是不是吃了什麼特別的東西？或者買到了什麼神奇的東西？不然他怎麼會有這麼大的變化呢？

　　文三七人一輩子在看別人臉色，因此對於黑狗兄臉色細微的變化，自然可以很快掌握到，但是臉上到底寫出了什麼故事呢？

7.

　　文三七人問黑狗兄，「你在忙什麼？」

　　黑狗兄說，「剛剛趁阮阿爸不在時，趕緊跑回去圓環裡。」

文三七人看著黑狗兄臉上有些得意的表情，但是黑狗兄對於是否再多說卻變得有些猶豫。

一會兒後，黑狗兄再說，「再回去找找，那副太陽眼鏡。」

黑狗兄後來說他剛剛看見兩隻狗，他阿爸追著那兩隻狗時，並沒有戴著那副太陽眼鏡。

「這是重大的代誌，阮爸追黑狗時，竟然沒戴上太陽眼鏡。」黑狗兄說得很神秘。

文三七人才知原來那位穿得很正式的男子，是黑狗兄的阿爸。那男人看起來那麼年輕，果然跟那副眼鏡有關係嗎？

黑狗兄的右手突然多了副太陽眼鏡。

這讓文三七人有些震驚，不過他按下自己的好奇和訝異。黑狗兄拿著一副太陽眼鏡，很得意地在手上搖來搖去，好像那是他的一切，有了這副太陽眼鏡就萬事多順利了。

黑狗兄得意地說，「阮阿爸過世後，他變得更誇張，我以前碰過的女人，他也要跟著碰。」

「碰，是什麼意思？」雖知道可能的意思，文三七人還是問了。

「嘿，你不要裝單純，他也不想想，已經不再年輕了。何況...」黑狗兄話說了一半又吞回去。

黑狗兄臉上是惡作劇成功後的喜悅表情。

「你阿爸過世了，怎麼還會追你的女人呢？」文三七

人天眞地問。

黑狗兒帶著嘲笑表情，「唉，你不要故意裝了，又不是不認識你。你是台北圓環的常客，每次來都會點魚翅和魯蛋，一付很凍酸的樣子，捨不得再多吃一些。」

文三七人很不好意思地微笑，眼睛淡淡瞄著，黑狗兒的太陽眼鏡。

8.

「阮這裡的東西，又不是貴得讓你吃不起。」黑狗兒說。

文三七人被黑狗兒說得不好意思了起來。

黑狗兒馬上補充說，「歹勢啦，阮做生意人總是和氣生財，我不能說這些來得罪顧客。」

「沒關係啦，有得吃就不錯了啦。」文三七人回答。

黑狗兒接著說，「歹勢，歹勢，我是說大家都在同一條船上啊。」

「同一條船？」文三七人納悶。

「是啊，這個圓環的興盛和沒落，大家是穿同件褲子啊。」黑狗兒說後停了下來。

因為他發現文三七人好像不知道他在說什麼？文三七人說，「不是我忘記了，我記得清清楚楚。只是，我不了解為什麼，我們是這樣過日子？因此我要重新想這些事。」

黑狗兄不解，文三七人怎麼突然說這些難以了解的話呢？

「喔，原來是這樣，我還以為你已經忘記這些事了。」黑狗兄還是做了客套式的回應。

這種忘掉記憶也太老套了，就像我隔壁的阿憨兄，根本就是裝憨，裝作忘記了，聽不懂別人說的話。因為這樣子就好像每一天都是新的一天，他只記得一天內的事情，但是他根本就是心裡清清楚楚。

文三七人和黑狗兄的談話，好像突然斷線了，兩個人各自回到自己的世界裡。一定有什麼重大的記憶鴻溝，讓他們兩人突然斷線在這個時候。

不久，文三七人再問，「你阿爸為什麼要追那兩隻狗？」

「唉，歹勢說啦，等我心理準備好了，我再告訴你。不然，說起來要準備兩個碗公，才能說得完這個故事。」黑狗兄說。

黑狗兄再搖晃著手上的太陽眼鏡，表情是一陣春天的風吹過他的臉。文三七人心中納悶著，為什麼我臉上感受不到這款風呢？

「你不是說太陽眼鏡是你阿公撿到的？」文三七人再度回到引他好奇的太陽眼鏡。

「是啊，是阮阿公撿到的，就因為這樣，阮厝的命運就改變了。」黑狗兄說。

「你是指什麼？」文三七人好奇地問。

「唉，其實你都曾經看在眼裡啊。我是不會寫小說，不然，這是台灣的故事。」黑狗兄說。

文三七人原本想設法偷偷取得這把太陽眼鏡，但是看見太陽眼鏡在黑狗兄手中搖來搖去，他的頭也跟著暈了起來，聽到黑狗兄提到寫小說的事，他才稍回神過來。

9.

文三七人說，「也不必然一定要說是什麼台灣人的故事，故事就是故事。」

黑狗兄回說，「也是啦，只是我的心裡感覺這特別有關係。」

「什麼代誌？」文三七人問。

「你看阮阿公在日本時代，撿到這副太陽眼鏡後，整個人就變樣了。」

「變成什麼款？」

「本來還認真做事，戴上太陽眼鏡後，大家都說他很緣投。問題就來了，阮阿公變得整天就泡在酒家，做阿舍仔。」

文三七人聽過這段故事，因此他一直盯著黑狗兄手中，仍不斷搖晃的太陽眼鏡，他好像看見了一道光，來自台北圓環內部，折射在這副太陽眼鏡上。

「或在舞廳跳阿哥哥，快活過日子啊。」黑狗兄補充說。

文三七人記起這些事，只是跳阿哥哥的事情，好像是眼前這位黑狗兄的故事，不是他阿公的放浪。文三七人覺得黑狗兄這種說法，只是一種普通的命運論，好像撿到了一件東西後，一切都改變了。

但是他心中很懷疑，事情怎麼會這麼簡單？如果都這麼簡單，人和人之間怎麼會有那麼複雜的人情世故呢？

「阮還記得阮阿爸從阿母那裡，將阮帶回家時的情景，自從那次後，我就不曾再看過阮阿母了。」黑狗兄說。

原來，那道反光不是來自圓環內部深處，而是來自還在黑狗兄內心深處的淚光。

文三七人嚇一跳，不知是怎麼回事。

有狗叫的聲音再度出現，兩人都安靜下來。黑狗兄很緊張的樣子，害怕他阿爸再回來吧，不知會發生什麼事？後來，狗吠聲往天水路的另一端遠去了，黑狗兄才安靜下來。

「還好，不然還要再躲起來也真麻煩。」黑狗兄說。

「你在躲什麼？」文三七人回說。

「阮在躲阮阿爸。」黑狗說。

「他已經過世了，還要再躲他？」文三七人說。

黑狗兄長嘆了一口氣後，他再搖著手上的太陽眼鏡。過了一會兒，黑狗兄才完全恢復平時的神情說，「阮阿爸追那黑土狗，要將黑土狗底下長長的那根追回來。」

10.

「追回來黑狗身上的那根？要做什麼？」文三七人訝異說。

「那根是我的，我跟狗交換了。」黑狗兄說。

文三七人其實搞不清楚黑狗兄在說什麼，但他知道好像有重大的事情，曾經發生過，他只好鎮定。對於這麼驚悚的事，需要安靜，他擔心如果他流露太訝異表情，會讓黑狗兄不再說這是怎麼回事？

黑狗兄夾緊自己的大腿，確定他褲子裡的那根還在。

「唉，實在是悲哀的故事。」黑狗兄繼續說。

文三七人到目前為止完全不知道，這到底有什麼好悲哀的？明明是有了太陽眼鏡，就可以快樂過一生。

「阮跟那隻黑狗，交換了那根，我叫它大哥哥很久了。」黑狗兄說。

文三七人差點忍不住笑了出來，但黑狗兄的表情反而嚴肅起來，好像他做了一件很偉大的事。

「雖然你一定不相信，我跟那隻黑土狗交換了大哥哥。」黑狗兄說。

文三七人忍不住了，笑說，「交換大哥哥？」但是他沒說出下一句，「你騙肖仔，騙我沒有那根喔。」

「阮永遠記得，阿爸將阮帶回家後，就不再讓阮阿母入家門。阮是家裡唯一的查埔仔啊。」黑狗兄說。

黑狗兄邊說邊搖晃著手上的太陽眼鏡。

「阮阿母是阮阿爸第七個細姨仔，阮阿爸就是要有一個查埔囝仔，來傳承阿公傳下來的太陽眼鏡，」黑狗兄吞了吞口水，「和他底下那一根，我們那根很長，很屬害，沒人可以相比。」

黑狗兄這麼說時，他手上的太陽眼鏡搖晃得更屬害，好像那是引擎發動著這所有的一切。文三七人很難相信，人的命運會這麼簡單，就因為一副太陽眼鏡，而且是撿到的太陽眼鏡。還有生下來就有的那根陽具，好吧，就叫它陽具好了，什麼大哥哥。

黑狗兄顯得不安，來回踏步，也不時看著寧夏路的方向。那是剛剛那兩隻狗和他阿爸去的方向。走回到文三七人面前時，黑狗兄一臉嚴肅地說，「阮一定要跟那隻黑土狗交換大哥哥。」

11.

「阮不要這根大哥哥，再傳承下去了。」黑狗兄搖晃太陽眼鏡的手，停了下來，他說，「阮就是不跟阮阿爸說，阮是跟那隻狗，交換了大哥哥？阮阿爸一直逼阮，要把那根再找回來。」

「你是說，你底下那根，是黑狗的大哥哥？」文三七人很少使用大哥哥這說法，受了黑狗兄的影響才不自主這麼說。

「嗯，阮就是不願意說，阮甚至威脅說，如果他對我不利，那麼他就永遠不知道那根大哥哥到那裡去了？」黑狗兄說。

黑狗兄將家裡傳承的大哥哥，跟黑狗交換了，因為原本的那根太招搖了吧。

文三七人聽得很緊張，這是多麼驚悚的故事。怎麼可能有這種事會發生呢？他根本不相信，但是又很想知道，到底是發生了什麼事？黑狗兄已經不再搖晃他手上的太陽眼鏡了。

「阮就是不願跟他說，是哪一隻狗？看他氣得咬牙的樣子，阮心裡比用大哥哥和女人玩還要更快樂。」黑狗兄說。

文三七人不了解，為什麼黑狗兄這麼痛恨他阿爸？

「阮那根跟黑土狗交換後，這是為什麼黑狗仔的那根會這麼長，這麼厲害的原因。」黑狗兄很誠懇地說。

他很高興將自己的快樂，轉讓給狗仔們。

「所以你看見，他在追那隻黑土狗，想要把那根要回來。」黑狗兄說。

文三七人點點頭，但不知要說些什麼？

「唉，當我娶了六位查某人，卻生不出一個兒子時，我想再找第七位查某人時，我就開始生氣，為什麼我要這麼做？」黑狗兄又開始搖晃手上的太陽眼鏡。

文三七人突然想起了，記得當年，黑狗兄也是趴著死

在一位查某人的肚子上，手上還拿著太陽眼鏡。但是圓環裡的人都知道，黑狗兄底下那根，並沒有傳說中的那麼長了。

「阮想起，阮阿母是阿爸的第七個細姨仔，最後卻被阮阿爸拋棄了。」黑狗兄說。

12.

其實，這個台北圓環黑狗兄的故事很簡單，也很真實，根本不必要裝神弄鬼說些古怪的劇情，就只要把親眼所見，親耳所聽的事說出來就可以了。

關於黑狗兄的太陽眼鏡，有一個故事要補充。在台北圓環被折除時，黑狗兄正跟一個女人做那事，因此他臨時來不及拿眼鏡就拼命逃出。

從此以後，他失去了太陽眼鏡，一直覺得他的性能力，沒有像以前那麼厲害了。因此自從太陽眼鏡被埋藏在廢墟後，他就不敢白天出門，害怕別人會看穿，他褲子裡的那根已經是狗的了。

他說了跟他阿爸的故事，又趁他阿爸追那條黑狗而離開台北圓環時，他再度回去再拿回太陽眼鏡。黑狗兄突然信心大增，雖然從此以後，他就不再戴上太陽眼鏡，不必再擔心底下那根會恢復以前那樣囂張。

後來，文三七人在台北圓環再看見黑狗兄時，黑狗兄

都只是拿著太陽眼鏡，在手上，搖啊搖著。雖然黑狗兄已不再那麼害怕，白天走出台北圓環，但是他通常在夜半後才會出來，在天水路或寧夏路附近，邊走邊搖手上的太陽眼鏡。

這就不必再多說了，因為已經很多人看過這位黑狗兄了。

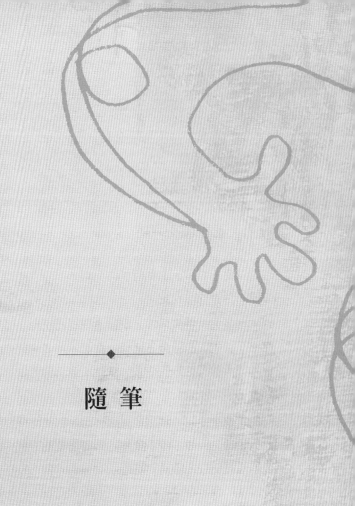

隨 筆

夢幻倫敦

靜物：黃玫瑰

其實，它談不上是絕美的風景。

而且現在，我還不知道，當時，如果與探頭出來向外看的女主人，打個招呼，事情會變得什麼樣。甚至，記不起來，女主人的臉色怎麼樣？微笑，或者傳言中的，英國人拘謹內斂？三月的倫敦，依然冷意追隨著風，加上一些些毛毛雨。

這並不是說，我已經說服自己，當時應該要與那女主人打招呼。或者，停下來和她聊聊倫敦的天氣。畢竟，我覺得這種結局，卻是更貼近我的倫敦。我不在意，倫敦有多真實，我更在意，倫敦在我心中的真實。我始終帶著不確定的謎團，等待下一次的謎樣，那種淡淡透光些微的黃。倫敦已不再如當年，傳說多霧，但迷霧般透著光的路旁草皮，仍有歷史耳語漫遊，傳遞著埋在草地裡的球莖，已經就要出頭了。

這就是我看見的倫敦，心中的第二故鄉，卻總是近鄉情怯。尤其是冬天時，穿著土耳其黃的羊毛長大衣，包裹著身體，走在隨處可見神木般的楓樹，就在觸手可摸到的

道路旁，逃回到自己的溫暖。如果有人問我，倫敦是怎麼樣的城市？我一定會想很久，而且每次答案不同，此刻，我的回答會是：我的膽怯加上溫暖，還有黃玫瑰。

我相信，很難有人了解這句話，因此，我需要很多的字句，來舖陳倫敦，讓古早時候，馬車走的道路，適於我的腳步。因此，我不會修改我的回答，而是持續增添一些些黃，或者加上些許的透光。

我覺得，好像在偷取些什麼。是的，我必須承認，我一直在走路與搜尋，心想，得帶些什麼回到台灣。儘管，只是拿著相機，最簡單結構的機器，捕捉花瓶裡的黃玫瑰花，以及千年來複雜的心思。靜物畫般的黃玫瑰，當有人從房門裡，探頭出來，她的一眼，卻讓我變成盜取風景的人。如果，普羅米修斯從天庭盜取火種，傳播到人間之前，途中曾被宙斯撞見，是否他仍會這麼做？

後續的十幾天，每當我路過相同地方時，仍是先準備好相機，待走過那面窗戶時，我隨即按下兩張相片。然後，若無其事地，我往地鐵站的方向走。那是每天必經的路，為了避免心情過於沈重，照完相後，我即不再回頭。

為了避免看見那女主人的眼神，撞見我忍不住想照相，守住她家窗戶的風景。

其實，就只是深藍色並有白色點的花瓶，裝有一束黃色的玫瑰花。印象裡，第一天是粉紅玫瑰。我以為印象錯誤，後來搜尋隨意照的相片，確定前一天是粉紅色的玫瑰花。花瓶擺在窗台上，白色薄紗窗簾，刻意地從底下兩邊

往旁拉，讓窗簾形成八字型，讓花瓶與花，就在八字型裡。窗戶是在地下室，經過路旁時，只要稍低頭即可看見它。有著主人精心刻意的佈置，也有著路人精心刻意的長歌。

後來，我在相片裡，比對不同天的花朵，是否曾有凋萎，也同時找尋再一次的別離，是否讓我死心了。只因為我相信，在我死心之前，我會一直問自己：「是誰還在徬徨呢？滿街已張貼了春天的花朵。」

回到台北後，數度到建國花市，尋找黃玫瑰。終於找到了，卻怎麼擺都覺得不太對味。我是應該困惑，絕沒有理由相信，能夠找回那種感受，只是，某種叫做不死心的心情，讓我來來回回倫敦，也來回替那窗台上的黃玫瑰照相。

我重複地從二十二張相片裡，探勘人類學家的視野，依照些微不同的角度，讚嘆或者靜默，並與鏡頭的倍數接近程度，接近或疏遠，數數共有多少朵黃玫瑰？應該有十六朵花吧。我保有了相片，但我確信，仍然不了解倫敦，也不了解自己。我已不勉強多了解自己了，這花了我很多年了吧，只想要在散步的時候，捕捉我的城市想像，尤其是走過有泥土的地方。

我想在倫敦找自己，遺失的部分卻在台北街頭。

但我確定，那是我的黃玫瑰，淡淡的黃有著透光的性格，卻不是梵谷的向日葵。我提醒自己，不要過於急切，臣服於早熟的風向；不要過於相信，那些宣稱已經找到自己的人；不要過於認定，流浪是種浪漫。

　我知道，那一天，我會回頭，再度描寫那束黃玫瑰。因為我已經決定，自私的，不採用它的意見，也不讓它凋零。我還想再問自己：「是誰還在徬徨呢？不死心容易凋謝，或者，認命容易凋敝？」

愛爾蘭與英國結了的七百年的仇

喜歡倫敦。

卻一直惦記著葉慈與奚尼的詩，隨著田野與城市的肺活量，吞雲吐霧，在都柏林的暗巷裡後續進展。更著迷於貝克特的劇本，站在國家戲劇院的舞台上，以沒有國籍的身份，深沈地翻開了愛爾蘭人的愛與恨。我一直站在外圍，因為我既不是英國人，也不是愛爾蘭人，坐在舒適的椅子上，冥頑不靈地想念著他們。

只因為他們不畏懼地說著，屬於自己的詩句。

貝克特左手拿著＜等待果陀＞的劇本，右手指揮著演員，如何從右側進場時，維持著晦澀的苦汁，讓汗水從額頭冒出，然後，站在舞台的左上角，動不也動的等著。能夠等待是最重要的事，荒謬主義的荒謬，需要一輩子才能體會。我則認為需要幾個輩子的，等待。

那是我指揮著大師，讓他們在我的筆意之下，停止，或者，說些無關緊要的語句，卻引起觀眾心中，風起了百年波浪。那是我的想像，也是我的意志力能夠延伸多遠的象徵。已經找不到理由，太疲於奔命了，如果再替自己尋找諒解自己的公式，那將是對不起自己，也對不起列祖列宗。甚至，難以抬頭面對三尺以上的神明，那也是我心中的神明，終於能夠把他抬出來亮相。

在北方線往南走的倫敦地鐵裡，從貝爾塞斯站上車，我隨即找到坐位，右側是位印度裔的年輕男子，在教科書

般的筆畫裡，計算著他的人生吧。他像個好男孩，我在心中，祝福他人生順遂好運。我的左側像是來自歐洲某國的白人男子，看著在地鐵門口散發的免費晚報，沒多久就把報紙往他後頭的空位丟。

我再度敬謹等待果陀，從隨身袋裡拿出老花眼鏡，先擦清楚鏡片後，開始像巫師召喚出荒謬氣氛，愛爾蘭與英國結了的七百年的仇。

在地鐵裡，我想像自己只是空氣，有脂肪與肌膚之親的硬體空氣。印度裔男子與歐洲白人男子，聯手扮演舞台上未曾出現的果陀，我是等待未來的流浪漢。我知道，這樣的戲碼無法扮演太久，過了兩站，印度裔男子喝了一口礦泉水後，即下車了，那空位即一直空著。

也許，空位比較真實吧，但是誰知道呢？

我愈來愈發現，是心中的那個空位，卻裝置著推動著我心靈的引擎，無聲無息地引來了，還沒有找到名稱的不安。這是我在倫敦的不安，誰知道，當我到了那裡，愛爾蘭朋友問候，何時來到都柏林呢？我知道，每天，當我展讀詩句，我早就在那裡了。或者，那杯健力士啤酒，雖有爭議，但值得我再專題暢飲它。

是誰在說話呢？不安，或者我心中的倫敦，仍然不時地唱著披頭四的「就讓它這樣子吧」，我知道他已經老了，這個樣子也難以再這個樣子了。令我難以區分這是以前，或者現在。雖然，我神智依然清醒，依然喜愛閱讀葉慈與奚尼的詩。但是，我知道，沒有辦法再欺瞞自己，對自己

重複說：「等待果陀，只是等待，或者等待霧氣的再度降臨，讓天上與地下的神靈，在濛濛細雨的黃昏替我們開門，替我們架起等待明天的帳篷。」

　　一度，那是倫敦在我心中的位置，我喜歡他的複雜與凌亂，也喜歡他的拘謹。狄更斯的童年，依然在某個角落吶喊，只是換了不同的喉音。哈洛維夫人的迷幻劇情，也仍在街角張牙舞爪，當年只是替身演員，現在則是角色本人親上鏡頭，對著光線在玻璃鏡頭裡穿針引線，緩緩地述說著，人啊人啊，什麼時候，呼吸，可以隨著自己真正的意思呢？

　　坐我旁邊的歐洲人，翻閱著倫敦旅遊的指南，我認識那本指南的語言，不是英文，他與我來自不同國度，卻在倫敦地鐵裡併坐在一起。我不想說出他的旅遊指南的語言，那只是挑起無謂的偏見，我也無意與對方交談，只是仍沈浸在貝克特的劇本裡。

　　想像，人與人之間的距離，不是空間的課題，卻是不可能相互了解的實情。

　　車子到站了，我站起來後，他也站起來，這一站很多人要下車，都是觀光客吧。我兀自擠出車廂後，假裝自己不是觀光客，不去觀光指南的風景區，卻在小巷的酒吧裡，待了一整個下午。

　　吧台前，人來人去，我一直坐著，是否，坐著就是等待呢？

嘴巴也許是個根深蒂固的完美主義者

就這樣了。

已經難以相信，自己是做夢的人。我躲避別人的眼神，為了保有不被看到的心情，只為了一句難以解開的詩句。而是，夢架起了我。難以啓口的承認，不是為了應付野心政客，而是挑剔的自己，終得面對自己的事。那是把自己帶離泥沼的舞台設計，讓後續的戲碼，可以在觀衆的沈默裡，繼續讓夢大搖大擺。

我們在餐廳裡，待了半小時，就結帳離開了。我們還是吃完了所有的餐點，但拒絕點咖啡與甜點，帶著失望的心情，走入細雨的街頭。少數街燈，相互站得有些遙遠，但它們今天也許已經聊了一個多小時了吧，後來，就各自站著，像個沒有名字的雕像。這讓哈珀司脫克丘陵路，顯得更加冷清。

「你猜，現在溫度幾度？」

「零下兩度吧。」我們的預測通常不會差距太大。

但是，總不能再為了相信而相信吧。好像這個世界，可以在掌中戲裡起起伏伏，就以為那就是自己做自己的夢吧。那個女舞者在低沈沙啞的歌聲裡，踩著無調性的節奏，用單調的重複步伐，來回控訴她心中的十字架，佈滿了前面的道路，藝術家以白色地板的單調，讓一切由腳步和移位來說話。

　　這是我們喜歡散步的路，在倫敦有名的漢普史德區，濟慈曾住在這裡不遠的房子裡。今天，我沒有要再訪他的事跡，也不是要談濟慈或他的詩，只是借用他的名字，如果他的名字還有餘溫，可以用來烘焙，這條剛下小雨後濕淋淋的丘陵路。

　　今晚，我們不再多談，何以食物難吃的那家餐廳，仍然還有存在的理由。我想著，人的溫度問題，除了體溫之外，夢是否還有溫度？或者，完全是另個世界的遺事，只是封建制度的重新詮釋，讓漢普史德區的街頭，成為倫敦劇場的新橋段。傳奇故事在千鈞一髮的空檔期，翻新自己的鞋子，或者新的穿法，讓街頭依然有夢到處豎立，在街燈之間，聆聽路人的來來往往。

　　或者，是否會迷路，在自己的故事裡？是否故事在林中相遇時，會依英國紳士般的拘謹寒暄，或者只是點點頭，隨即擦身而過？甚至，英國紳士到底如何打招呼，其實也是眾說紛紜。英國紳士還需要枴杖嗎？或者，枴杖還能編織多少煙塵往事，勾勒多少美學和政治？

　　「倫敦是什麼呢？」

　　「倫敦是夢想地，或者，它只是夢，別人的夢。」

　　至今，我仍難以相信，威權已經離我們遠去，尤其是味蕾的霸道，仍然是胃腸王國的首站，管制著從嘴巴進入身體的前哨站。至於，從嘴巴出去的話語，如何在舌頭的皮膚上，等待允許的聲音？嘴巴也許是個根深蒂固的完美

主義者，不論是慢條斯理，或者狼吞虎嚥，總得替話語說出去的不歸路，固守著古典或現代的舞碼。

情節的發展，已經脫離了拼貼，是否還有人宣稱，他書寫自己的故事時，肯定地向世人訴求，只要跟著自己走，終將走向光明。誰的光明，自己的或別人的？還好我早就不相信光明前途之類的事了，對於未來，不是光明與否的問題，而是在淒迷的夜裡，把自己交給夢，然後，試著體驗夢是自己的主人。

而，自己只是自己的奴僕。

「我們是在倫敦街頭吧。」

「是啊，為何這麼問呢？」

「沒什麼，只是問問吧了。」

我還在濕冷的街頭，尋找雕像，英國人在雕像的衣角，所遺留下來的凝神靜聽。讓我不需要以望遠鏡，即可輕易地讚嘆不已，那些曾經以他們的方式，替這塊土地留下來的身體與姿勢。

我自問，書寫倫敦，可以替台灣留下什麼呢？我自己回答，也許形塑一座街頭雕像吧，以慵懶的姿勢，讓路過者可以讚不絕口，或者，只是嗤之以鼻。

那不再是風景，卻是突然走出穩紮穩打的步調，向世人推薦，這個國度所凝聚的靈魂與不安。我仍難免是個過路人，雖然不是每天尋找不同的風景區，而是讓自己在相同的地方呆坐，或者只是看著人來人往的腳步。

因為不是雕像，我必須在城市裡移位，避免久坐所帶
來的寒冷，變成難以忍受的紀念碑。

「何必這麼批評呢。」

「就是這麼感覺吧，你看，這餐廳竟沒有吸引我們坐
下來，慢慢享受它的滋味。」

陽光的自畫像

我只是個闖入者。

移動的塗鴉，以單調不變的灰黑色塊，走走停停。或者，突然轉身回頭，讓那個定點加深了灰黑色調，好像對於剛剛的彩度，想要提供不同意見。陰影的地方，仍是有些涼意的灰色。至於，連日的陰霾，始終追逐有陽光的走動，這讓長大衣的灰黑，多了一些亮度。

就算理由再充分，依然是無緣無故，以旅人名義，踏在河畔的草皮上，讓這片風景，多了我大衣的身影。我拿起相機，假裝我已被任何人允許，綠草也同意，能夠自由地拍攝河水與移動的船隻。或者，同時假設河水中飛揚的海鷗，也沒有其它異議。

再靠左邊一點點，不，是你的左邊，不是我的左邊。我替自己調整角度，為了找到這個城市的無名英雄。我堅持，必須把那四位在陽光底下抽煙和交談，穿著深藍帶有一點點灰色的，西裝和套裝的男男女女。他們在我來到之前，就已經在視野裡，享受午後的陽光，也讓他們自己成為別人的風景。

值得再關注眼光，在這尊活生生的塑像，我不知道他們是名字，也不知他們替那一家公司效力。他們的聲音也需要被畫成色塊，妥善地安排在我從左上走入的角落。

「新首相已經發佈新年度裁減歲出的預算書。」

「是啊，糟透了，不知將要裁員多少人。」

「糟透了，眞的，不知老闆會怎麼做？」

午後的陽光裡，他們走出玻璃窗大樓，讓自己成爲風景動畫的一部分。當我走過時，他們不受影響，一位男子拿起咖啡紙杯，啜飮了一口，他並沒有說話。希望我的走過，不要影響他們的心情起伏。

我站在泰晤士河畔，水中的倒影被風吹水面，攪動成難以停息的身形，河水也親身流入畫面，一起建構倫敦的過去與未來。不遠處的河道中央，有個鐵褐色的平台，三隻海鷗各自站在不同邊上，動也不動。

「今天有吃飽嗎？老喬。」

「還好啊，你呢？老傑克。」

「怎麼說呢，不知是不是老了，最近常常魚到了嘴邊，卻又咬不住它們。」

「是啊，我也這樣子，唉，前幾天，老羅賓才不小心擦傷翅膀，無法再工作，因此餓了三天呢。」

這些千百年來平常的心情，反映在河畔的玻璃窗，色彩隨著太陽的角度，呈現亮度與色彩的變化。已經走到了More London的建築群，壯觀且現代風格的身材，滿身有稜有角的肌肉，準備和整個世界的經濟，開展身手的預備姿勢。隔著一塊草皮綠地，還好，就算是三月天，倫敦依然保持著綠色草皮的智慧，容納這群肌肉男的聚集。

一條約寬十五公分、深五公分的人工水道，貫徹始終地宣稱，他爲了溫柔這些玻璃窗大樓，從盡頭一路流到這裡，不是爲了排水，而是爲了一片風景。

　　我想，這些辦公大樓裡的辦事員，真是幸福啊，看著泰晤士河的觀光船，周而復始地將河水，排開出滾滾的河水，像是熱騰騰的興奮，不論新首相用什麼腔調說話，宣稱大家要共體時艱。他們只要側頭，或者正對面，稍抬頭離開電腦銀幕，應該還可以看見不遠處，橫跨泰晤士河的倫敦塔橋。不論它願意或不願意，很多旅客都自動地，把它當做倫敦的重要地標之一。

　　再走過去，兩位男子，一位女子吃著不同的三明治，也喝著柳橙汁。一位男子是印度裔，他們也都穿著西裝與套裝，白人男子有著金色頭髮，看著報紙，他們坐在陽光底下，讓河畔多了一些景緻。只可惜必須割捨他們的話語與笑聲，女子的笑臉倒是清晰，好像臉頰的皮膚，自然地依循著心情，讓倫敦畫像的膚色，增添了性感令人心動的角尾紋。

　　倫敦畫著它自己的眼睛與眉毛，我只是路過，探頭在三月天裡，難得的陽光午後，把這張自畫像留在我的眼角膜，然後，回家，再以文字翻譯這張圖畫。我只想留下陽光，其它的文字，也許只是形同虛設。

英雄遠在千里之外

我傍晚到時，這場樂曲已經演奏整個下午了。

我並沒有期待約翰‧柯川的薩克斯風。語言的交談，被廣播器傳出的搖滾樂，切磋成零零落落的音符，落地後散成無力的多重奏。偶爾聽到突出的笑聲或語句，就像有時小喇叭不小心地高昂了幾個音效。

卻是熟悉的曲調，我喜歡坐在角落的小方桌，捕風捉影。

這裡沒有英雄。英雄遠在千里之外，只在大銀幕裡出現，如果英雄剛踢進一球，而他正巧這個時候，坐進這群人所支持的隊伍。是否大聲歡呼，這需要一些條件組合，就算豎笛的高亢，仍是溫和如同瘦骨嶙峋。但真的不需要太多理由，只要跟著高昂大喊就好了，反正口乾後，一品脫的健力士生啤酒，還有半杯留著呢。這半杯生啤酒還可以讓自己在喧囂裡，寫出如何忘記自己的公式。

英雄也在時間之外。電子錶的時間，讓旅行的移位與靜坐，變成藝術館的策展人，場面調度顧客的出出入入，以及接近吧台時，等候的姿勢，都在展演著，那個角落的空間需要點一杯低八度的謙虛。有時候，以街頭雕像的方式，讓風雨與鴿子站在歷史的頭頂，宣稱欺侮英雄的方式，其實，並不是多麼複雜的問題。但是，今天很安靜，大銀幕只有令人冷靜的高爾夫球綠地，默默躺在那裡，任由白色鞋子踩踏。但是，這不會令人心痛。

　　突然音樂變得很大聲。好像音樂不甘於只是背景，要在球季冷淡的季節，取代所有的交談，以及附帶兩品脫的愉悅。歐洲足球季是忠誠度的展演，需要展覽的場區，可以預先暖身，而啤酒是最好的媒材，以靜默的熱能物理學，以及不可見的化學變化，讓愉悅也是，先靜靜的，在某些高腳桌椅上滋長，像悶熱裡霉菌變成沈默的佔領區。這是台灣人聽得懂的比喻，不過，需要花費一番口舌，才能向倫敦人確切地澄清霉菌的說法。

　　「把帽子脫掉。」記得以前，我楞了一下，高大魁梧的酒吧警衛，隨即再重複一次，我先依著做了，雖然還不甚了解，進酒吧前，把帽子拿掉是什麼意思。應該不是脫帽，向偉大的啤酒發明人致敬吧，更不可能是向英國女王致意吧。如果，我說這是週五夜的酒吧，以及足球季時進入酒吧前的儀式，不論你是否了解，先不管這些道理吧。畢竟，在所有激情面前，其它的，最好謙虛些，不要自以為是喋喋不休的說教者。

　　廣播裡，女歌手的聲音，好像夜半趕路，隔壁桌的德國青年們，如同另一桌剛下班的英國人，喝一口啤酒撐開喉嚨和西裝，他們都是向上天吶喊，依照聖經規定的七天作息後，這是他們應得的時刻。我和隔壁桌德國青年只是湊熱鬧，我沒有需要忠誠於攻擊與防守的任一方。不論主持人對於黃色或藍色上衣，抱持何種態度，我只是靜靜地喝著酒，不必聽清誰在說什麼，反正所有聲音與味道，統統混搭在一起後，才是最後的感覺。

　　想起了，當年台灣鄉下的喜宴，結束後，主人會將所有的剩菜，放進大灶鍋裡，再煮一次。那種晚上的菜尾味道，依然難忘。那是所有婚禮的最後味覺，舌頭讓白天帳篷下的歡樂氣氛，獲得尊重並重新開展。那是我的耳朵與舌頭，聯合起來，在千里之外的倫敦，試著替靈感尋找出路。

　　讓我的倫敦，能夠以不同的詩篇，在文字和文字之間，以糾纏不清的音符，建築餐盤與愛情的纏綿鷹架。然後，等待，溫暖以義不容辭的速度，翻山越嶺，攪拌多年來牽魂夢掛的想像。或者，等待，那些不期而遇的惡意，採取偷襲的游擊戰方式，撞擊靈感的出路。

　　這不需要什麼大道理吧，另外又來了三位德國青年，站在一旁，後來只有一位坐著，其他人寧願站著喝酒，那位坐著的青年有時向左邊幾位談了幾句，後來又轉向另一邊說了幾句話。搖滾樂愈來愈熱鬧，我加速喝光了啤酒，然後，起身出門，往戲劇院的方向走。

　　並沒有人送我出門，也沒有人挽留我。推開門時 一股冷氣，吹在臉上。我把今天午後的印象，牢牢地凝結在這瞬間。溫暖與惡意，都不是英雄，卻一路上，都站在路旁，隨時以飛奔的風吹，把我推向不確知的倫敦。

霧中風景

再度從貝爾塞斯公園地鐵站，鑽入管子裡爬行。

倫敦已經不再是霧都了，霧已經散去，另外尋找其它地方，準備過著令人歌頌的日子，或者，讓人不寒而慄。狄更斯在霧氣的清晨，小說裡準備上工的小孩，已經回家了，至於，是否享受天倫之樂，那需要一些些運氣。安哲羅普洛斯的「霧中風景」，運氣不是科學議題，卻是幾朵雲在灰濛濛的細雨裡，無邪被天真埋葬後，天真也被霧氣蒙蔽後。

接下來，還有誰，拿起湯匙，喝下春天遲遲不來的辯解和抗議。

正對面的白人青年魁梧男子，白皮膚上棕色的落腮鬍，不安的鬍鬚準備像個革命青年，拿著旗幟捲土重來。棕色佔據了白臉的二分之一，還不太有信心地宣稱，這塊高挺鼻子與深遠眼睛，所畫出的臉譜地圖，是它曾有的祖國。我在遙遠的倫敦，拿著黑色封面的筆記本，手上是我的祖國。

在我離開從小生長的土地後，我試圖在凌亂的文字裡，它高高低低的田野裡，螞蟻、蝸牛、和蚯蚓，猶待從土地翻新後的新綠，重新認識自己來自何處。

他的鬍鬚確修剪的很整齊，像倫敦公園的綠色草皮，雙手抓著灰色背包，放在胸前，有一些泥巴散居在背包上。我數度看著背包上的泥巴，可以是一幅現代的裝置藝術品，

從原是火力發電廠變裝的Tate Modern，走出場外。如果這是展演，必須把辛勤的動作，暫時擺在封閉的工作場所裡。他把頭頸低低地瑟縮在工作服裡，那是藍底的遮風布做成的，有三條醒目的黃色閃光帶，橫繞著工作服，藉以抵擋外來者的不小心。他的瑟縮好像宿命，仍需要黃色閃光帶，保護著白色與棕色的糾纏。

還好，他是閉眼休息，黑包的長褲，也散居了一些泥巴，工地裡的遺跡，不甘寂寥，在他的黑盒子劇場上，扮演著布料和布料的街頭流動技藝。他好像剛下工，準備回家的樣子。我正要往熱鬧的市中心，尋找那些不知名的快樂，吃吃喝喝或者觀賞劇場表演。他的表情隨著肌肉的放鬆，已經進入了夢鄉。他的大肚子，也許，因為喝了過多的在地啤酒，隨著呼吸而起伏。他的落腮鬍也在安適的表情裡，休息與落戶，等待清醒後再度在整齊裡施展不安。

過了三站後，一位印度裔老人，拿著地鐵入口處免費自取的晚報Standard Evening，坐在男子旁邊。展開報紙，卻又不時多疑看著我，以偷窺的眼光，看著我偷渡那男子的容顏，轉成無言的故事，以及我的書寫筆記，我正在建造我的祖國。我已漸漸放棄了真理的追尋，只想在夢想的荒謬語彙，和現實的影像寓意之間，搜羅白色野百合展演成黑色吶喊，以及黃色土地上，學習如何向老天祈禱的燒一柱香模式。

漸漸的，印度裔老人流露出，好奇的神情，不認為我在做壞事，我不再是無主人的行李箱，他必須隨時準備向

當局報告的眼神。好奇容易被溺斃在多疑的眼光裡，或者，多疑被眼淚所淹沒，最後沈沒前，隨手丟出某些被邀請久留的善意。一時之間，善意卻不知如何自處，我依然低頭書寫，以最些微的抬頭角度觀摩這個世界如何長篇大論。

畢竟，我並不是那個，被任意擱置的行李。我只是我自己，不是地鐵站裡常廣播，要旅客隨時注意的隨身行李。沒有人在旁的行李，會被移置至其它地方，那是危險的象徵。那是多年前，北愛爾蘭共和軍常年抗爭後，英國仍遺留著當年的謹慎。雖然，北愛已不再玩這種具有爆裂風味的抗議。

雖然，我仍是夢想，自己的文字具有開挖的威力，讓螞蟻、蝸牛、和蚯蚓，在土地上，還有可以工作的地方。

印度裔老人在看著我和他的報紙之間，來來回回，我也是來來回回，看著他和我的筆記本。今天晚報的封面主題是：「家醫科醫師(GP)並無法從改革裡獲益」，英文字大標題，幾乎佔據了版面的三分之一，也許是討論醫療保險制度的改革吧。

老人的眼中，逐漸起了霧，讓我看不清楚，他對於倫敦，是否依然有著年輕時的相信，他不必為了自己的年紀，站出來向所有人道歉。

到站了，我走出地鐵站，以蚯蚓的方式走路。

我走遠了之後

每天都會經過的，貝爾塞斯公園路的古老教堂。

我從教堂外觀的氛圍裡，看見了人的氣息，打造歷史的痕跡。不論我心情愉快，或者不安，水泥與石頭混合搭建，長有青苔外觀的牆壁，雖幾株紅玫瑰花盛開，看來卻更像個長年爭戰的堡壘。我傾身向前，卻總是很遙遠地，看見教堂在一片草地之後。

雖然，矮牆，前庭草皮，不過二十公尺見方。何以位於路口，像個鄰居的教堂，卻是如此深遠。我好奇教堂內的氣氛，也許是教堂的入口小門，搭配了厚重的木門，讓視野起了錯覺，更像防著異教人入侵，或者百年來，人與人爭戰的餘波盪漾。

我不在那個歷史裡，卻被歷史擋在玫瑰與青苔外。

今天，側牆上的小窗可以看見燈光外洩，門口的小燈已經亮起，卻使得教堂看起來更退後，在遙遠山谷的地方。蒼老的石頭，平時很少看見人們的出入。幾年來，唯有那三棵白色的吉野櫻，盛開時，我卻會趨近。我卻很怕踩踏，教堂前的草皮，雖然踩踏其它地方的草皮，總是覺得，「怎麼有人這麼會養綠草皮呢？」這是英國人值得讚許的，生活技藝的傳承吧。

教堂很近，卻是很遠。

每天必經的那間小學，也在圍牆裡。在離教堂不遠的地方，道路叉口的三角小公園旁，傳來小學生歡樂的喊叫

聲。現代的水泥與色彩,重新增添在古老的豪宅外牆,我看見一個可攀登的平台頂端,放在原本的後院裡,一位金髮男童,稍站起,隨即又蹲下去,我看見了他的笑容。二樓以上的大窗戶,貼滿了學生的粉筆圖畫,多彩的顏色,卻掩蓋不了,我略顯蒼白的好奇,一直在街頭徘徊。

走在現代裡,我卻更像是歷史的殘跡。

我意圖打開閣樓裡,古老塵封的木箱,我想到,盾牌上,家族的標章仍然有著當年爭戰的劍痕。卻只能在灰塵上,以食指寫上:「不論是什麼,這是別人的歷史記憶。」但,我不想留下簽名。

我是在找自己,不是找別人。

不論白天或傍晚,可以輕易聽到,學生下課時的叫喊聲,雖無法趕走晚冬初春的殘留寒冷。學校高牆,阻擋了視野,我看不見小學生的臉孔,卻可感受到,校園內的熱絡。我哼唱著「風吹沙」,沿著高牆,慢慢往芬緒黎路地鐵站走。

我走得有些遠了,仍聽得到學生的愉悅,在寒風中擺尾。但在別人的地方,尋找自己,卻也是一件奇異的事吧。

我經過兩位白髮女人,兩人同樣老吧。那是他們的臉部皮膚,所洩露的訊息。他們停在路旁一處民宅前的小花園,指著草皮上冒出的水仙花,黃色與紫色相雜,有些只是新冒的小花苞,有的已經滿開而下垂了。水仙花在地底下,經過了漫長的冬天,卻只能探頭不到二個禮拜,即準備再度潛藏,避開跟暑夏及寒冷正面作戰。我卻覺得,那

兩位女人的白髮，均勻的白，不帶染灰色，常年花開的白。我想著：「這是多麼美的畫面啊。多少年，才等得到這個畫面啊！」

拿拐杖的女人說：「很漂亮的花啊！今年，它們又冒出來了。眞是漂亮的花啊！」沒有拿枴杖的女人回答：「是啊，是啊。眞是漂亮的花啊！」當我擦身而過後，卻聽到抱怨：「政府刪減預算，即將關掉附近的老人活動中心，這眞是糟透了。」另一個人回應：「眞是無比糟透了！怎麼會這樣子呢！」我雖然放慢腳步，想多聽他們的說法，最後，在我走到無法聽到他們說話聲之前，沒有再聽到後續的回應。

也許，太哀傷了吧。

他們還挺著老化的軀體，往後，仍有多年，要靠著軀殼四處移動，枴杖也到處敲打路面，心靈卻需要留在原地，靜靜回味與反芻，多年來的重覆和改變。教堂始終開門，等待人們的到來，但是老人活動中心卻即將關閉，眞正影響了他們的生活。

至於，小孩子，仍還在高牆裡，天眞地等待下課，等待可以大聲嘶吼。也許是爲了練習，多年後，如何在我路過走遠後，他們說話抗議的宏亮聲，仍可讓我聽見？

雖然，我只是個陌生人。

靜物：佛洛伊德雕像

有人宣稱，他很偉大，與馬克斯與愛因斯坦並列。

再偉大的人，總還有更多人不認識他，而且他們都需要離開人世間。馬克斯的追隨者有人拿起槍桿，在熱戰和冷戰裡，新的統治階級成為新霸權。愛因斯坦卻因為後來的原子彈，讓E=mc2成為令人驚恐的符號。佛洛伊德勇敢撕開人的意識，不是行為的主宰者，這讓他惡名昭彰。

一山比一山高，他卻往人性的低深處走。走在那條暗巷，注定難以見天日的路，後來，有人靠他做學問，寫成論文，在學院升等，可以養活幾家人。有人批評他，唾棄他，也可以在相反方向，養活另幾家人。

他已經不必辛苦，不必再使用人工下顎，帶著痛楚，一字一字地咬合，回應抨擊與迎合了。

也許，可以說，他自由了。辛苦了一輩子，與癌症拼時間，趕寫那些爭議的觀察與想法，就是那些讓後世人愛恨交織的後設心理學。好像把文字與想法，熬夜精心調製成印刷品，那是敢死隊的墓誌銘，欣賞者，駐足閱讀，厭煩者，快快走過。他製造的爭議，也許比和諧還要多。至今，還有人為了如何解讀他的文字，而難以成為好朋友。也有交惡或者陌生人，因為看法雷同而成為談心的對象。

佛洛伊德的雕像，座落在倫敦市區西北方，芬緒黎路與貝爾塞斯巷的路口。

　　水泥基座上，他側身坐姿，準備坐個千百年吧。帶點休閒的坐姿，稍稍沖淡一些他的嚴肅。因為至今，談到他，仍然是腥風血雨，令人愛恨交織。跟著他的雕像走的人，當然知道，已不再可能使自己，成為另一座雕像，但是一直有人寧願犧牲自己的機會。

　　他是倉皇中，移民到了倫敦。

　　在納粹德國燒毀他的書的火光裡，他摸黑帶著躺椅、古董、滿腹委屈，以及滿腦袋的性與死亡的糾纏，經由巴黎，來到了倫敦，度過了生命的晚年。雕像的神情裡，除了略帶慣常的憂鬱，已經省略他的苦痛了。也不見他是否有鄉愁？也許，那是我們不喜歡看見的吧。

　　他剛好正視著，芬緒黎路上車和人的來來往往，也許不會如搖滾樂歌手，詠誦來去忙碌的車子都有它的方向，感嘆自己不知往哪邊走。但是，他替倫敦帶來了新的瘟疫，知識經濟的瘟神，造就了強烈的反對者，也成就了強烈的擁護者。宣講人類看不見的地方，製造人類心智的機器，運轉著意志難以達到的陰暗。那是月亮的地方，太陽也得退避三個房間，在第四間房間裡，等待還擊的最佳時機。

　　他的書，你愛讀這幾頁，就讀那頁。但是，他的身體姿態，已經被決定了，他沒有說話的餘地。不知他一輩子不安的心靈，加上晚年癌症的糾纏，和移居的漂泊，他是否喜歡安住在，這個青銅的世界。這是活的人處理不安的方式吧，不論陽光或者雨天，假裝被永恆說服了，我們需要的，只是要有耐心地等待死亡。

　　最後的生命時光，連他最心愛的拳獅狗，都無法忍受
他的下顎癌臭味，也許這是他最傷感的事吧。至於，誰喜
歡他的思想，或者厭惡他的說法，應不再是他的關切了。
畢竟，後世藝術家幫他的軀殼，塑造成銅像，但是，他早
已結網將腦海裡，澎湃洶湧的抽象想法，打撈上岸，一一
省視，並親手反覆雕琢，書寫成凝固的鉛字。

　　銅像與鉛字，最後都成為靜物。銅像孤單地坐在街頭，
鉛字書則擁擠在書架上，成為人世間，最優美的靜物畫之
一。

　　雕像的背景，在冬天是枯枝，和水泥建築的塔維史托
克臨床中心。春天來後，綠葉再度阻擋了水泥建築的視野。
我曾在不同的季節，照了不同角度的相片，但仍不停止地
疑惑，是否，他喜歡目前的姿勢，雖然青銅不會使他疲累，
也不會有肌膚毀損後的惡臭。

　　我喜歡，至少在我的想像裡，任意調整他的姿勢。那
是他一輩子，在探索人的自由，有哪些阻抗。我承認，我
是站在他這邊的人，談不上擁護者，卻喜歡他建構出的自
由之道的可能性。他不認識我，我對他的認識則是透過神
思，這無法在銅雕的紋理裡，尋找出來。卻在字裡行間，
大聲開講他當年遺漏，或者來不及完成的遺思。

　　我想著，以銅雕的方式，解讀佛洛伊德，或者以自由
的方式，看待他的鉛字。但是，最好的是，他不必再以幽
靈的方式返回。他只要繼續做他自己就好了。其它的，是
我們的事了。不論相爭，或者和解。

　　畢竟，鉛字不是銅像。

麵包藝術家的邀請

人和人之間，相遇卻是這麼奇特總是令我訝異不已。

故事的餘韻還在味蕾裡流轉。故事卻像被打敗的神話，為了回到最原始的居住地，在深山叢林小徑裡，意志堅定地尋找，古老傳說山茶花的途徑，那是離自己最近的路。

在倫敦橋地鐵站附近，一家烘焙麵包店外，長桌擺置了各式麵包，好奇加上新奇，催促我們，自然地將它視為觀光景點。白皮膚的老先生，他的白色工作圍巾，沒有任何刺繡。他大聲地對著來往旅客，形容他的麵包是藝術品。他說得很自傲，但是不會讓我覺得他有傲慢。每種麵包旁都有手寫文字，標示名稱與細節說明。就算在茂密叢林裡，除了造路的蕃刀，和長長蔓藤之間的對唱外，沿路總需要留下痕跡與記號。

我們駐足，研究各式麵包，一般觀光客那般，沒有徵得同意，就拍起了照片。這是初春，古老的傳說沿著河水的波折，一心一意，走出高山峻嶺。那是百年前，不知名的祖先以他們的想像力，所能企盼的聖地。也是觀光客的無限權力吧，把想留影的慾望，推一把擠進數位相機裡，證明這些都是我的，讓懷念在遺忘之後，還有容身之處。

他刻意拿起一條長麵包，作勢要打我們，同時又覺得好像開玩笑。是在這兩種感覺的中間吧。年老的狩獵人背負著，祖先的神諭，踩著穩健腳步，跟隨著黑色鳥，替失落徬徨的族人，找回流落多年的築屋藝術。旅程中，他不

敢再於睡夢中，取得任何的承諾，只能依靠自己的意志。

至今，我仍困惑著，這種中間的感覺是什麼，也保留著記憶與筆記。也許，我還在仔細咀嚼，到底那是怎麼回事。後來，他問我們來自哪裡，我們說是來自台灣。老先生說，他知道台灣也叫做福爾摩沙。曾是小米的故鄉，狩獵人背了八顆黑色小米，那是一整年跋涉的食物。他溯溪返回古老居地，聆聽祖先的歌聲，音符裡埋藏著自古以來，家的藝術訊息。

我們的訝異，還沒從表情與心情裡，走出來時，老先生又說，台灣的東西很好吃。他還說，他認了一位乾兒子，是台灣人。近在眼前，卻是遠古的呼喚，我就是狩獵人，翻山越嶺，尋找蕃刀與蔓藤間的失落。他說，乾兒子是位肯上進的年輕人，在市場攤位賣生蠔，之前，在不知情的情況下，我們常去光顧他的新鮮生蠔。我曾拍照存下他右手拿著特殊的刀，左手帶著手套，雙手出力地剝開生蠔，好像那裡頭就是一片森林。

老先生繼續介紹與說明他的麵包，他顯得很有信心，並引我們進去屋內，帶著我們參觀烘焙機器。我很喜歡他對於手藝的信心。他告訴我們，如果我們隔天週五也可以再來的話，他與乾兒子傍晚各自收攤後，會一起去吃飯與喝酒。他講的是一家他們常去的店，我並未聽清楚，但也不便多問。問了，好像我們就將他的談話，當成真的接受了。因為，我們不確定，那只是客氣話，或者是真情邀請陌生人一起聚餐。

　　很奇怪的不安，一直跟著我。狩獵人聆聽著山林裡，很遠很遠的，叢林深處，傳來了，他難以理解，只能強記的曲調，與完全不了解的語言。老先生重複說了幾次：「你明天應該要再來的。」三次或四次吧。我們在附近的店逛至傍晚，決定離開前，再走回頭跟他說再見。他又說，明天會有一種新麵包出爐，並說明天是週五，他與乾兒子各自做完生意後，會到附近餐廳喝啤酒與晚餐。仍是有邀請的意味，但我們始終沒有回應，好或不好。

　　然後，他表示，有個小禮物要送我們，就是中午時，他拿起，作勢要打我們的麵包。他拿起剪刀將那麵包切成三段，小心翼翼放進紙袋裡。我們再三地道謝。他又說，你們明天應該來的，他有新的麵包藝術品要出爐。他再談了，他的乾兒子，好像那也是他的驕傲。老先生的熱情，烘焙著他歌唱般的語調，讓每個單字都在跳躍，穿梭在黃昏熙攘的汽車引擎聲裡。

　　坐進地下鐵後，我仍想著：「也許明天可以再來吧！」被一種奇怪的猶豫淹沒了。我趕緊拿起筆，在筆記本上，努力地砍在人跡罕至的蔓藤上，留下回家的記號。同時，撥一小片麵包，慢慢咀嚼，遺忘了這種特殊名字的麵包。狩獵人一路上，反覆歌頌著他不解的詞曲，他必須回到家，並將這些古老曲調，傳遞給後代。

老是覺得

老是覺得，自己犯了一些，自己不知道名稱的過錯。

老是覺得，英國海關人員可能知道你所犯的錯，而且替你找到了你還不自知的罪名。老是覺得，想跟海關人員表明，我來自台灣，但是，這又有什麼關係嗎，護照不是寫得很清楚了嗎？老是覺得，想說，在台灣，我可是某種程度重要的人，但是這又有何用呢？而且不合現實。

有天晚報Evening Standard的標題，是內閣官員要求海關，加快處理旅人入關的程序，減少排隊的人數。也許，這是這趟來倫敦，覺得出奇快地出關的緣由吧。前幾天，還一直納悶著，何以幾乎沒有排隊，即直接到海關櫃台。這讓我相當舒坦，好像從此就可以擺脫，在他國之門被審訊的感覺。我突然了解，何以通過海關後，常常覺得自己已經被原諒了。好像這樣，我就可以，將倫敦當做第二故鄉的野獸派想法，大聲地說出。

想來，這可能是很大的罪惡吧，黑白色系的暈眩。倫敦的天幕是滿天色彩，像教堂彩繪玻璃的拼貼搖滾樂，天光自然地雕塑著使徒故事。但是，我卻無緣無故，想像自己只是一個異教徒的搖籃，為了書寫我那吱吱喳喳的倫敦，已經花了五年，準備明亮的眼神與飄浮的歉意。我只是莫名成為，自己慾望的使徒，幻想彩繪玻璃裡，是台灣的影像，在倫敦天馬行空。甚至，需要準備什麼技藝，至今，還是邊寫邊想。

幾天來，旅棧B&B後院庭園裡，三棵百年老楓各佔據著一方，以乾枯裸胸的母親，懷抱著初春迷路的靈魂。那是抽象畫派的靈魂，落筆卻是寬大為懷，它們已經站在一起多年了，當年的君子之約，互不侵犯對方的領空。這讓老樹之間，天空還可以佔有一席之地，雲彩也有機會說些話，表達它重土安居的思念。雲彩的瓷窯已經不再，後現代主義象徵的時代了。我卻喜歡它，不小心地呼朋引伴，卻招來了滿天烏雲，以插花般的風格流派，相互私語，製造了更多令人不解的倫敦。

老是覺得，隨處可見的路旁百年老樹，應是我們心中的神木，需要用紅布圈繞，路過時，舉手膜拜。老是覺得，如果倫敦人都知道台灣是什麼，我會告訴他們，我們的四百年，如今，仍在摸索表達自己的技藝。老是覺得，台灣很渺小，但我只想靜靜地，思索，不小心踢到路旁的樹根時，因為痛，卻忘了向老樹道歉的心情。

其中兩棵老楓，已經開始有了新芽。新綠的情書在細枝節裡，謹慎地冒了出來，那是他們的初戀吧。氣溫是攝氏零下一度。不管早春仍低溫，他們依自己想要的樣子，長出了透光的嫩綠衣裙。那要很仔細盯著搜尋，才能看得見的生長訊息。以及，露水夫妻堅持地，挑戰陽光下既定的命運，述說濟慈的詩歌。

奇怪，幾乎不曾看過蜘蛛，怎麼天花板上，竟不知不覺地有不少蜘蛛網，零散地掛在白色的天花板。隨著室內

「不知道啊。」「結網是它的命運,不然,它也不會別的事。」「不知道啊。」「它怎麼不到樹叢裡,卻來到白色的天花板?」「不知道啊。」

已經整個早上了。坐在旅棧客房裡,刻意將書桌搬至面對窗外。空想與書寫。捕捉突然冒出的想法與感覺。從台灣飄洋過海,原本古銅臉色,來到了倫敦,我只想把這些下筆後,即成為過去的文字,與略顯空洞的蒼白,原封不動地,放在隨身行李,帶回台灣。

老是覺得,帶著倫敦購買的黑色封面筆記本回去,就是把倫敦帶回台灣了,任我隨意地背道而馳,或者把打哈欠也記上一筆。老是覺得,都柏林與貝爾發舒特是更小的地方,更適合把我們的堅毅,雕鏤成脆弱的文字,或者塑成仰天大笑的銅像,略帶著愧不敢當。

被突來的敲門聲嚇著了,正沈浸在不知名黑色鳥的鳴聲裡,想著:「還能帶什麼回台灣呢?」。那是來自白俄國度的旅棧女管家,要來整理房間了,她的名字很長,像柔軟彩帶在空中飄搖,很難記得住的長度。我大聲說:「再半小時,我們就會出門了。」她回應說謝謝。

這裡不是她的家,也不是我的家。

跋

談談這本書的一些心理背景。

佛洛伊德當初發展精神分析的過程裡，就明明白白地從文學、藝術、醫學、物理學等吸取養分來豐富精神分析。後來，精神分析師比昂（W. Bion）起初希望以數學般的科學描述精神分析和實務過程，不過後來他還是放棄了，但是他後來的語詞則是更具豐富性和想像力，雖然也帶來了一些爭論。

我想出書的念頭已經很久了，畢竟那麼努力地投心力在文字的書寫，總希望能夠有機會集結成為一本具體的書。在孩提時代，早被叮嚀或沒有被說出來的期待，只有讀書才有可能改變命運。這不是教科書教的僵硬勵志，是生活上早就有的一種期待，藉著讀書翻身。但是讀書出人頭地是如此私密的事，尤其在紙本書出版市場沒落困難的時代，出書的確是件違反時代的事件了，一如當年的讀書出人頭地，也是一種違逆不同社會階層的事件。

精神分析的存在也不再當年風光了，精神分析運用於心理治療對某些人來說，看來更像是不合時宜的套裝，因此如果真的要問，何以依然對精神分析有興趣？就更顯得難以回答了。如果能夠簡單的說，我的答案是不信邪的態度，雖然精神分析和精神分析取向心理治療的存在就是在那裡，我只是讓自己和它發生關係。但是仍需要複雜地說，

這也是需要書寫文字並出版的緣由，將個人經驗裡的複雜面，藉由文字的存在讓後人知道，我們這一代有人藉由精神分析走到心靈深處的什麼地方，而這個地方顯然離人類心智的深不可測還很遙遠。

佛洛伊德開始發展精神分析時，就和文學、藝術、醫學等等建立了深厚的交情。因為他為了要描述他堅持的潛意識領域，這是當初獨門的心理學範疇，他只好從其它學門借用語言來建構他的深度心理學。我個人對於精神分析的初接觸，竟然也是一段文學、藝術和醫學交織起來的外在現實基礎。

將近四十年前了吧，醫學生時代因一群人在《阿米巴詩社》，把佛洛伊德的中譯文章和其它中譯的小說一起閱讀，好像它們就是相同領域的事。直到踏進精神醫學領域，這種起初的接觸方式依然不曾改變，甚至結合的愈來愈深切，但仍是違逆了精神醫學在生物基因科學有重大成就的時代氣氛。竟然在五十歲了才開始實踐醫學生時期的期望，寫小說，不是只以精神分析概念來分析文學作品，而是直接嘗試在文學裡打滾。

第一本書就在多年書寫預備後，當然就是將這些經驗和文字放在一起了。我做得理所當然，但依然違逆了出版的常態分類。在一連串不信邪的違逆裡有了這本書，甚至還想要有第二本和後續的書，如果有個「理」可以說，就會說如果可以的話，照理要跟佛洛伊德的總冊數相拼一下，這需要更多的不信邪吧。

就算自己的不信邪，還是有所相信的相信，不可能只靠自己而是踩在多人的肩膀，依靠很多長輩，朋友和同事才能做一點點事。但如果沒有我前面所說的不信邪，可能就只是自己不自覺的娛樂，無法落實成可以安頓身心的地方。

我期待我的文字能如精神分析家比昂所呈現的，因為通曉深層破壞力後有更多的聯想力，或日本導演小津安二郎所說作品的餘韻，那是讀者自己的收獲，不是簡化因果關係的了解和知識，只意圖引導出簡單的作為。我相信很難從我的文章裡做出結論，讀者一定該怎麼做的定論，如果我不小心流露了，讀者一定要更謹慎思考。

另，由於出版的策略，我無意以科學論文形式出版。如果有重大的論點引自他人就融進文本裡，不另外附上參考資料。這當然不是我沒有借用別人的經驗和想法，因此如果說都是別人曾說過和想過的也無妨，但我確定以我的方式再述說一次，不會減損引發的創造性。

作者謝辭

一如精神分析家溫尼科特（D. W. Winnicott）在他的一本論文選集書名《家是我們開始的地方》，當然需要感謝所有家人。另外我個人在精神分析的相關專業過程裡，有很多助力才能繼續走到現在，不論當初是否和精神分析直接相關，需要感謝曾一起專業成長的人和團體。

首先是醫學生時代的《阿米巴詩社》，再來是開始精神科的台北市立療養院（目前的松德院區）的上司和同事們，以及在住院醫師時多年參與呂旭立基金會的外國老師各式活動。至於在精神科工作過程裡一起討論的同儕們，在不同階段曾以《探菊東籬下》和《思想起精神分析研究小組》為名的團體。這些都曾涉及不少友人和同事，我覺得以後需要有一些專章來說明和感謝，畢竟每個人名和每個感謝都有它不同的緣由，目前僅先以此感激的心情獻給一起合作過的友人們。

只先提出目前仍工作中的機構和友人，感謝當年讓《思想起心理治療中心》成為可能的松德院區院長陳喬琪教授，以及目前仍持續鼓勵支持的楊添圍院長和劉興政主任，讓精神分析取向心理治療得以有傳承的重要基地之一，也感謝劉佳昌醫師、陳俊澤主任、邱顯智主任、許欣偉醫師、邱智強主任、洪翠妹護理督導長、范瑞雲護理長和林怡利護理長等人多年的團隊合作。這些臨床工作和擔任心理治療的督導，是我精神分析經驗和知識的重要基礎。

感謝《臺灣精神分析學會》目前的「執行委員會」周仁宇醫師和楊明敏醫師，加上我共三人，讓我們在和國際精神分析學會愈來愈密切的互動過程裡，我們仍以一本初衷在長久友誼上合作，讓「精神分析」、「精神分析取向心理治療」和「精神分析的運用和推廣」三個主要部門的工作得以同時並行持續深化開展。

也感謝曾協助臺灣精神分析學會發展的Dr. Eric Gann（前舊金山精神分析學會理事長）和Dr. Michael Gundle（前西雅圖精神分析學會理事長），以及目前將持續代表國際精神分析學會密切協助我們的Mrs. Maria Teresa Hooke（前澳洲精神分析學會理事長），Dr. Michael Gundle和Rudi Vermote教授（比利時精神分析學會理事長）。

最後，但也重要的是，感謝無境文化出版游雅玲編輯在出版過程的督促，讓電子檔的文字變成了紙本，這是現代的心靈鍊金術。

國家圖書館出版品預行編目(CIP)資料

都是潛意識搞的鬼/蔡榮裕作； --初版-- 高雄市：無境文化,2016.03　面；公分
ISBN　978-986-85993-9-0 (平裝) 1.心理治療 2.通俗作品　178.8　105004099

都是潛意識搞的鬼

作　　　者｜ 蔡榮裕

執 行 編 輯｜ 游雅玲

校　　　稿｜ 葉翠香

版 面 設 計｜ 荷米斯設計

印　　　刷｜ 侑旅印刷事業股份有限公司

出　　　版｜ Utopie 無境文化事業股份有限公司

地　　　址｜ 802高雄市苓雅區中正一路120號7樓之1

電　　　話｜ 07-3987336

E-mail　　｜ edition.utopie@gmail.com

【 在　場 】 精神分析叢書　　　總策劃｜ 楊明敏

【 奪　朱 】 社會政治批判叢書　總策劃｜ 吳坤墉

【 思想起 】 潛意識叢書　　　　總策劃｜ 蔡榮裕

總 經 銷｜ 臺灣商務印書館

地　　　址｜ 新北市新店區復興路43號8樓

電　　　話｜ 02-86673712

初　　　版｜ 2016年4月

定　　　價｜ 380 元

I S B N　　｜ 978-986-85993-9-0